Bernd Galeski

Erziehung im Namen Gottes

Bernd Galeski

Erziehung im Namen Gottes
Wie Eltern Kindern Leid zufügen

Tectum Verlag

Bernd Galeski
Erziehung im Namen Gottes
Wie Eltern Kindern Leid zufügen

© Tectum – ein Verlag in der Nomos Verlagsgesellschaft, Baden-Baden 2019
ISBN 978-3-8288-4175-8
E-PDF 978-3-8288-7052-9
E-Pub 978-3-8288-7053-6

Umschlaggestaltung: Tectum Verlag, unter Verwendung des Bildes
486573959 von eranicle | www.istockphoto.com

Druck und Bindung: FINIDR, Český Těšín
Printed in the Czech Republic

Alle Rechte vorbehalten

Besuchen Sie uns im Internet:
www.tectum-verlag.de

Bibliografische Informationen der Deutschen Nationalbibliothek
Die Deutsche Nationalbibliothek verzeichnet diese Publikation
in der Deutschen Nationalbibliografie; detaillierte bibliografische
Angaben sind im Internet über http://dnb.d-nb.de abrufbar.

*Gewidmet den ungezählten Kindern,
deren Leid und Schicksal zu erzählen
die veröffentlichte Meinung
vergessen hat*

Inhalt

Vorbemerkung	1
Einführung	3
Natürliche Grundlagen	7
Gruppenwesen Mensch	7
Lebenswichtige Bindung	9
Elementare Bedürfnisse	15
Der perfekte Start	16
Fehlstart	19
Selbstentfremdung durch Kultur	21
Wenn Babys durch die Hölle müssen	22
Menschenbilder	29
Christentum	29
Islam	34
Schwarze Pädagogik	40
Christentum	40
Islam	65
»Und der Mensch schuf Gott«	77
Zeugen Jehovas	79
Islam	96
Schwarze Pädagogik und Religion als Zwillinge – Wenn Eltern ihren Kindern Leid zufügen	117
Islam	119
Zeugen Jehovas	131
Befreiung vom Gift der Kindheit	141
Resümee	149

Inhalt

Nachtrag   **153**
    Täterschonung   153
    Die veränderte Natur im Eltern-Kind-Verhältnis   154

Literatur   **161**

Anmerkungen   **163**

Vorbemerkung

Die drastischen Schilderungen in diesem Buch sind kein Generalverdacht gegen *alle* christlichen, jüdischen oder muslimischen Eltern. Auch Eltern in religiösen Sondergemeinschaften (Sekten) sollen nicht pauschal verdächtigt werden. Die überwiegende Mehrheit der Eltern wünscht für ihre Kinder das Allerbeste und bemüht sich nach Kräften, ihr Heranwachsen und Gedeihen bestmöglich zu fördern. Dennoch sind die hier geschilderten Beispiele nicht so selten, und Gewalt spielt in der Erziehung eine breitere Rolle, als es manchem genehm sein mag, der behütet aufgewachsen ist und bisher kaum oder keinen Kontakt zu Familien hatte, die aus ganz anderen Traditionen oder Milieus kommen.

Um die Mehrheit der im Großen und Ganzen problemlosen Familien braucht es in einem Buch wie dem vorliegenden nicht zu gehen. Dort aber, wo die Probleme gehäuft auftreten – sei es aus religiöser oder ethnisch-patriarchaler Tradition –, muss man umso genauer hinsehen; vor allem dann, wenn Leib und Leben von Kindern in mehr als einem Einzelfall besonders durch jene Erwachsenen beeinträchtigt oder bedroht werden, die ihnen am nächsten stehen: die eigenen Eltern.

Einführung

Anita, die sechzehnjährige Tochter eines frommen Christen, kommt eine Viertelstunde zu spät vom Schreibmaschinenkurs nach Hause. »Wo warst du so lange? Du hättest längst zu Hause sein müssen«, sagt der Vater sichtlich gereizt. »Das Mofa ist liegen geblieben. Ich hab Glück gehabt. Jürgen ist vorbeigekommen und hat mir geholfen. Sonst wäre ich noch später gekommen«, antwortet sie. »Lüg mich nicht an!«, schreit der Vater. »Mit den Kerlen hast du dich wieder herumgetrieben, gib es zu!« – »Das stimmt doch gar nicht!«, antwortet Anita empört. »Was kann ich dafür, wenn das Mofa streikt?« – »Hör auf zu lügen!«, schreit der Vater. »Du dreckiges Flittchen, du Schlampe! Na warte, dir werd ich's zeigen.« Rasch holt er seinen Ledergürtel aus dem Schlafzimmer und drischt damit wütend auf sie ein. – Was treibt diesen Vater zu solcher Gewalt?[1]

Die Großeltern eines achttägigen Säuglings verstoßen ihn und seine Eltern und wollen sie nie wieder sehen. Vater und Mutter hatten beschlossen, ihren Jungen nicht nach jüdischer Sitte beschneiden zu lassen. »Damit habt ihr den ewigen Bund mit Gott gebrochen«, sagen die Großeltern. »Ihr seid nicht mehr unsere Kinder.« – Warum tun sie das?

Ein junger Mann erschießt seine heranwachsende jüngere Schwester. Seine Familie hat es so verfügt. Die Tochter wollte ihr eigenes, selbstbestimmtes Leben führen. Das durfte sie nicht. Sie hat damit die Familienehre beschmutzt. Es musste etwas geschehen. – Was treibt die Kollektivmörder zu einer solchen Bluttat?

Einführung

Seit Jahrtausenden herrschen Eltern über ihre Kinder, demütigen sie, verletzen und verstümmeln sie, beuten sie aus und halten sie wie Sklaven. Den Kindern haben sie beigebracht, sie zu achten, ihnen zu gehorchen, sie im Alter zu versorgen und sie niemals zu kritisieren. Zur Seite stand ihnen ein mächtiger Verbündeter, der ihre Herrschaft durch übernatürliche Weisheiten und deren Verkünder sicherte.

Wie kam es zu dieser Schreckensherrschaft, und warum fallen ihr auch heute noch ungezählte Kinder zum Opfer? Was treibt Eltern zu ihrem grausamen Tun? Wieso ist ihnen so schwer Einhalt zu gebieten, und warum gelingt es selbst erwachsenen Kindern kaum, sich aus dem elterlichen Würgegriff und dem ihrer heimlichen Komplizen zu befreien?

Zur Beantwortung dieser Fragen müssen wir zunächst die Grundlagen unseres Seins verstehen. Wenn nämlich die elterliche Herrschaft und die oft damit verbundene Gewalt eine Konstante in der Geschichte der Menschheit sind, ist zu vermuten, dass sie Teil des arttypischen Verhaltensmusters des Menschen sind. Was ist also unsere Natur? Welche artspezifischen Bedürfnisse haben wir, wie äußern sie sich, und welchen Einfluss hat es, wenn sie nicht berücksichtigt und nur unzureichend oder gar nicht befriedigt werden?

In einem zweiten Schritt sollen die kulturellen Einflüsse auf unser Verhalten zur Sprache kommen. Welche Faktoren begünstigen die Entfaltung unserer natürlichen Anlagen und welche behindern sie, schränken sie ein oder gefährden sie gar? Welche Folgen hat es für den Einzelnen und die menschliche Gesellschaft, wenn solche Störungen bereits von Beginn des Lebens an auftreten? Wie beeinflusst eine behütete oder gefährdete Kindheit den Werdegang des späteren Erwachsenen?

Danach geht es um das weltbeherrschende Zwillingspaar Religion und Schwarze Pädagogik. Wie ist es zu ihrem verheerenden Einfluss und ihrer ungeheuren Macht über alle Bereiche des menschlichen Lebens gekommen? Welche Rolle spielt die heimliche Komplizenschaft zwischen diesem Herrscherpaar und den zu Verbrechern gewordenen Eltern?

Und schließlich: Was ist zu tun, um dieses weltbeherrschende Zwillingspaar zu entthronen, und wie kann sich der Einzelne aus dessen Würgegriff dauerhaft befreien?

Die Beantwortung dieser Fragen ist Gegenstand der in diesem Buch angestellten Untersuchungen. Es lädt zu einer spannenden Reise in das Innere auch des eigenen Seins ein.

Dabei werde ich auch gerade aus eigenen Erfahrungen schöpfen, bin ich doch in der christlich-fundamentalistischen Sekte der Zeugen Jehovas aufgewachsen und kann authentisch über sie berichten. Die Gegenüberstellung dieser Gruppe mit traditionell lebenden muslimischen Familien mag, wie ich hoffe, manchem, der seine Glaubensgemeinschaft (ob christlich, jüdisch oder muslimisch) verlassen hat oder daraus verstoßen wurde, spannende neue Einsichten verschaffen.

Natürliche Grundlagen

Gruppenwesen Mensch

Zur Entwicklung des Menschen gehört das Leben in der Gruppe, angefangen beim Säugling, der ohne die kleinste Einheit (meist Vater und Mutter) nicht überlebt, bis hin zum erwachsenen Individuum, das in prähistorischer Zeit unweigerlich verloren war, sah es sich auf sich allein gestellt. Die Gruppe ist Wesenskern und Garant für den Fortbestand unserer Spezies, sie sichert das Überleben des Einzelnen. Sie schützt ihn vor (Fress-)Feinden (Säbelzahntiger etc.), sie macht es leichter, einen Partner zu finden, und gemeinsam gelingt auch die Nahrungsbeschaffung besser.

Allerdings erfordert das Leben in der Gruppe hohe Kompetenzen in den sozialen Interaktionen. Wie bei unseren direkten tierischen Verwandten (Hominiden) gibt es in den Clans der menschlichen Urzeit auch den Chef, der Leben und Verhalten der übrigen Gruppenmitglieder bestimmt. Angepasstes, unterwürfiges Verhalten sichert den Fortbestand in der Gruppe; herausforderndes, unangepasstes Verhalten dagegen gefährdet es. Aus der Gruppe verstoßen zu werden, kommt einer existenziellen Katastrophe gleich. Je nach Weltgegend, etwa bei langen, frostigen Wintern, bedeutet der Verlust der Gruppe ein Leben in Kälte, Schutzlosigkeit und Nahrungsmangel. Nimmt man dann die schwache körperliche Ausstattung des Menschen hinzu – was kann er schon gegen den Säbelzahntiger ausrichten? –, ist ohne viel Fantasie das baldige Ende des Verstoßenen zu prognostizieren. Für gruppenangepasstes Verhalten gibt es also sehr gute Vernunftgründe, und es gibt ein tief gehendes Motiv: Angst! Überlebensangst veranlasste unsere Vorfahren, sich gruppenkonform zu verhalten. Diese Angst ist aus dem Verhaltensrepertoire des modernen Menschen keineswegs verschwunden. Zwar drohen heute nicht mehr Säbelzahntiger und Co., und das Überleben ist heute meist auch nicht mehr unmittelbar durch natürliche Gefahren bedroht, aber der seit vielen hundert Jahrtausenden verankerte Angstreflex ist heute immer noch wirksam und so mächtig wie damals. Heute leben wir vergleichsweise sicher, und auch die Befriedigung unserer Grundbedürfnisse ist in den meisten Fällen gewährleistet, dennoch arbeitet unser Gehirn noch immer wie vor Urzeiten. 10.000 Jahre Sesshaftwerdung des Menschen haben keine Veränderung unseres Verhaltensmusters bewirkt.

Es ist die nackte Angst, die den eingangs erwähnten Vater blindwütig auf seine Tochter einprügeln lässt. Ihr vermeintliches Abweichen von der christlichen Norm untergräbt seine Autorität und seinen guten Ruf als vorbildlicher Familienvater und Ältester[2] der Ortsgemeinde. Es droht die Missbilligung durch die Glaubensgemeinschaft, der er angehört und die von ihm erwartet, seine Kinder gottgefällig zu erziehen. Die Angst vor dem Verlust dieser vermeintlich lebenswichtigen Bindung vernebelt seinen Verstand.

Ähnlich geht es den Großeltern des nicht beschnittenen Säuglings. Auch ihr guter Ruf steht auf dem Spiel, und es droht die Ächtung durch die Gemeinde. Diese Angst lähmt sie geradezu und blockiert ihre natürlichen Regungen. Ihr Verhalten ist rein zwischenmenschlich gesehen nicht nachvollziehbar: Lieber opfern sie die Vorhaut des Babys und verstoßen ihre Kinder, als den Bund mit Gott aufzukündigen.

Die Angst vor der weitverzweigten Verwandtschaft treibt die muslimischen Eltern dazu, sich gegen das selbstbestimmte Leben ihrer Tochter zu entscheiden und sie durch den Sohn hinrichten zu lassen. Die Schande des Makels einer unehrenhaften Tochter in der eigenen Familie flößt größere Furcht ein als die absehbaren Folgen der Straftat. Angst vor der grausamen Bestrafung des Vaters veranlasst den Sohn, lieber das Leben seiner Schwester (das ohnehin wenig zählt) zu opfern und dafür eingesperrt zu werden. Die Gefängnisstrafe wird gut zu überstehen sein, denn vor allem der Vater wird seinen gehorsamen Sohn, der die Familienehre rettete, nicht im Stich lassen.

Warum hat Angst einen derart starken Einfluss auf unser Leben? Wo liegen ihre Ursachen? Warum ist Verlustangst ein solch übermächtiger Teil unseres Seins? Und warum können wir sie nicht so leicht oder oft gar nicht besiegen?

In grauer Vorzeit bedeutete der Verlust der Gruppe für das Individuum Lebensgefahr. Wie der Nachwuchs bei unseren Verwandten, den Primaten, ist das Menschenjunge besonders auf den Erhalt seiner Kleinstgruppe angewiesen. Sie garantiert ihm in seiner Hilflosigkeit Nahrung, Schutz und Wärme. Die Gruppe zu verlieren, ist für den Säugling die schlimmstmögliche Katastrophe. Vor allem braucht er seine Mutter als Garantin seines Überlebens. Aus dieser engen Bindung ergeben sich prägende Verhaltensmuster und tief greifende Gefühle, die es näher zu betrachten gilt.

Lebenswichtige Bindung

Die Orang-Utan-Mutter trägt ihren Säugling nach der Geburt ohne Unterlass mit sich herum. Bei jeder Tätigkeit und Verrichtung ist das Kleine dabei, zu keiner Zeit muss es auf den engen Körperkontakt zur Mutter verzichten. Alles, was das Junge später an Fertigkeiten zum Überleben im Dschungel benötigt, lernt es von der Mutter: wann welche Blätter am bekömmlichsten sind, wo und wann welche Früchte reif sind, wo Wasser zu finden ist, welche tierischen Nachbarn harmlos sind und vor welchen man sich besser in Acht nimmt. Dabei trägt es die Mutter ununterbrochen mit sich herum, meist hält sie das

Kleine mit einer Hand fest, während sie mit der anderen Hand nach Fressbarem greift und es sich selbst und dem Kleinen in den Mund steckt oder sich mit der freien Hand und den Füßen durch das Geäst des Dschungels hangelt.

Das Junge verfügt von Beginn an über einen Greifreflex, mit dem es sich fest an die Mutter klammert; dies sichert zusätzlich sein Überleben. Wenn es noch sehr klein ist, hält es die Mutter sehr fest an ihrer Brust. Dort ist das Kleine so gut abgeschirmt, dass ein Zootierpfleger im Berliner Tiergarten einmal Mühe hatte, das Neugeborene im Arm seiner Mutter überhaupt zu entdecken. Auch auf längeres geduldiges Zureden des Pflegers war die Orang-Utan-Mutter zunächst nicht bereit, das Kleine dem neugierigen Betrachter zu zeigen. Schließlich gab sie zögernd und widerwillig doch für sehr kurze Zeit den Blick auf ihr Kind frei.

All dies zeigt, wie eng die Mutter-Kind-Bindung bei dieser Affenart ist. Niemals käme es einer Orang-Utan-Mutter in den Sinn, ihr Neugeborenes abzulegen, schon gar nicht für längere Zeit, weil sie mit anderem, Wichtigerem beschäftigt wäre. Instinktiv weiß sie, dass ihr Kleines schutz- und vollkommen wehrlos gegen jegliche Bedrohung von außen wäre. Das Baby ununterbrochen bei sich zu behalten, es eng am Körper zu tragen, seine Wärme zu fühlen und jederzeit für es verfügbar zu sein mit Nahrung (Muttermilch) und Schutz (gegen Auskühlung und vor Gefahren), entspricht einem elementaren Eigenbedürfnis der Mutter und sorgt auf diese Weise ganz natürlich für die Bedürfnisse des Kleinen. Das Orang-Utan-Baby weiß sich geborgen, behütet und beschützt und muss sich vor nichts auf der Welt fürchten. Alles ist an seinem Platz, die Mutter ist da, die Welt ist vollkommen in Ordnung.

So kann das Junge allmählich wachsen und gedeihen, nach und nach mutiger und selbstständiger werden und beginnen – jeden Tag ein bisschen mehr –, erste Erkundungen des direkten Umfeldes und seiner Umgebung zu wagen. Immer öfter entfernt es sich zeitweise von seiner Mutter, untersucht die Umwelt und kehrt in der Gewissheit wieder zurück, dass die Mutter die ganze Zeit in der Nähe und jederzeit bereit ist, das Kleine in ihre Arme zu schließen. Vor allem aber ist es für das Junge unabdingbar, sich darauf verlassen zu können, dass es bei Gefahr schnell zu seiner Mutter zurückkehren kann. Ihre Verfügbarkeit in besonders bedrohlicher Situation ist für das Kleine überlebenswichtig. Selbst wenn sich die Bedrohung als Fehlalarm entpuppen sollte, so muss sich das Junge darauf verlassen können, dass seine Mutter in jedem Fall für seine Bedürfnisse (in diesem Fall nach Schutz und körperlicher Nähe) uneingeschränkt zur Verfügung steht.

Würde die Mutter das Junge verlieren oder verlöre es den Halt am Fell seiner Mutter und fiele aus großer Höhe vom Baum, so hätte dies unmittelbar seinen Tod zur Folge. Aber auch wenn es nicht sofort zu Tode käme – der Verlust seiner Mutter ist für das Junge in jedem Fall eine tödliche Bedrohung, und wenn es sie nicht wiederfindet und zu ihr zurückkehren kann oder wenn die Mutter das Junge nicht wiederfindet, tritt mit absoluter Sicherheit über kurz oder lang der unabwendbare Tod ein. Den Kontakt zur Mutter dauerhaft zu verlieren, ist für das Baby die schlimmste Katastrophe überhaupt. Es gerät in Todesangst und lebensbedrohlichen Stress – übermächtige Gefühle, die sich nicht beruhigen lassen. Wenn seine Mutter weder in Sicht noch in Hör- oder Riechweite ist, nützt es ihm auch nichts, nach ihr zu rufen oder zu schreien. Sein angsterfülltes Rufen bleibt unbeantwortet. Hinzu kommt, dass dieses Rufen statt der ersehnten Erlösung durch die herbeieilende Mutter zu allem Unglück den nächsten Räuber herbeilockt …

Was sich über das Schicksal eines verloren gegangenen Orang-Utan-Babys sagen lässt, trifft in gleicher Weise auf unsere anderen Primaten-Verwandten zu. Auch die Jungen von Gorillas, Schimpansen und Bonobos sind unweigerlich dem Tode geweiht, wenn sie dauerhaft von der Mutter getrennt werden. Auch diese Tierbabys sind bei Geburt unselbstständig und auf die dauernde Nähe und Verfügbarkeit der Mutter angewiesen. Diese »Traglinge« im Tierreich sind nach der Geburt zwar »mit funktionsfähigen Sinnesorganen« ausgestattet, aber es fehlt ihnen noch die Fähigkeit zur »artgemäßen Fortbewegungsweise«[3].

Menschenbabys gehören eindeutig zum Typ der Traglinge. Was wir über die Mutter-Kind-Bindung der Primaten feststellen können, lässt sich so gut wie vollständig auf die Mutter-Kind-Bindung beim Menschen anwenden. Zwar veränderte sich mit der weiteren Evolution des Menschen die Anatomie vom vierfüßigen Kletterer zum zweibeinigen Läufer und damit auch die Art und Weise, wie Mütter ihre Babys am Körper hielten, aber die grundlegenden Bedürfnisse des Babys nach Nahrung, Schutz, Körperwärme und Kontakt, die allein durch die ständige Verfügbarkeit der Mutter gewährleistet sind, blieben bestehen.

Wir sind noch immer tief im Innersten Jäger und Sammler, und unser Verhaltensrepertoire stammt aus dieser Zeit. Auch unser Nachwuchs hat keine anderen biologischen Reserven als jene der Vorzeit, in der Mütter ihre Kleinen stets mit sich herumtrugen, wenn sie Nahrung sammelten oder ein neues Zuhause suchen und errichten mussten. Wie bei unseren nächsten tierischen Verwandten bedeutete die Trennung von der Mutter für das Baby Todesgefahr, denn ein verloren gegangener Säugling war leichte Beute für die Räuber. Was konnte der Säugling tun, um auf seine lebensbedrohende Lage aufmerksam zu machen? Dasselbe, was Babys heute immer noch tun, wenn sie sich allein gelassen und hilflos fühlen – sie rufen Hilfe herbei, und da sie nicht sprechen können, schreien sie.

»Vor diesem Hintergrund ist es keineswegs überraschend, dass ein Baby in den ersten Lebensmonaten zu weinen beginnt, sobald man es zum Schlafen in einem separaten, ruhigen Raum niederlegt.« Mag Erwachsenen die Ruhe des abgedunkelten Raums beim Einschlafen nützlich sein, für den Säugling, der den Kontakt zum schutzgebenden Elternteil verloren hat, ist dieses Abgelegtsein eine »emotionale Notlage«[4].

Eltern und alle, denen unsere Kinder anvertraut sind, müssen diese grundlegenden Zusammenhänge kennen und verstehen, denn daraus ergeben sich zwangsläufig Schlussfolgerungen über unseren modernen Umgang mit unserem Nachwuchs. Es ist zu hoffen, dass »das Wissen über die biologischen Ursachen im Verhalten des Säuglings auch Veränderungen unseres Erwachsenenverhaltens und unserer inneren Einstellung im Hinblick auf dessen Bedürfnisse nach sich ziehen«.[5]

Es hat nichts damit zu tun, sein Baby ungebührlich zu verwöhnen, wenn man ihm »in den ersten Lebensmonaten viel Körperkontakt und Zuwendung« gibt. Vielmehr befriedigt man seine elementaren Lebensbedürfnisse. Ein Baby kann »in seinen ersten Lebensmonaten noch nicht verstehen, dass es keineswegs in Gefahr ist, wenn es alleine bleibt. Denn es kann kognitiv noch nicht erfassen«, dass seine Eltern jederzeit für es da sind, auch wenn sie vorübergehend weder zu sehen noch zu hören sind. Über die »sogenannte ›Objektpermanenz‹, [das heißt], zu wissen, dass Dinge und Personen noch existieren, auch wenn sie nicht wahrgenommen werden können«, verfügen Säuglinge erst ab ungefähr einem halben Jahr.

»Vor diesem Hintergrund sollte der Anspruch mancher Eltern, dass ein Baby schon früh alleine einzuschlafen hat, nochmals gründlich überdacht werden, denn wir verlangen von einem Säugling damit eine Leistung, zu der er in den ersten Lebensmonaten auch kognitiv nicht fähig ist.«[6]

Die weitreichenden möglichen Folgen eines solchen Ignorierens der Grundbedürfnisse des Kindes besonders in den ersten Wochen und Monaten liegen auf der Hand. Zwar kann ein Baby »lernen, dass sein Weinen erfolglos bleibt.« Dies verändert aber in keiner Weise seine akute »Bedürfnislage« oder seinen als bedrohlich empfundenen Angstzustand. Möglicherweise »findet es sich irgendwann damit ab, dass seine Appelle an die Eltern nicht beantwortet werden«, aber einer erfolgreichen Mutter-Kind-Bindung ist ein solch ignorierendes Erwachsenen-Verhalten bestimmt nicht zuträglich.[7] Eine gestörte Bindung im frühen Säuglingsalter wirkt sich prägend auf die Persönlichkeitsstruktur eines Menschen aus. Mag auch manches Defizit aus frühen Kindertagen im späteren Erwachsenenalter recht gut ausgeglichen werden können, so scheinen die spontanen emotionalen Reaktionen letztlich doch dem früh erlernten Verhaltensrepertoire zu entsprechen, das stets erst in einem zweiten (kognitiven) Anlauf korrigiert werden kann und wohl auch immer wieder aufs Neue korrigiert werden muss.

Festzuhalten bleibt, dass menschliche Säuglinge in ihrem Bedürfnis nach Körperkontakt und Nähe zu den Eltern ein biologisches Erbe in sich fortführen, das die Natur bereits seit Jahrmillionen sowohl in unseren tierischen Vettern als auch im anfangs als Jäger und Sammler ständig umherziehenden Homo sapiens fest angelegt hat. Wenn das Kind also diese Nähe einfordert, so äußert es nichts anderes als ein elementares Grundbedürfnis. Genauso wenig, wie mitfühlende Eltern ihrem Kind die Nahrungsaufnahme verweigern würden, sollten sie ihrem Säugling sein Bedürfnis nach Körperkontakt verweigern. Dort, wo dies immer wieder geschieht, kann die Entwicklung des Kindes nicht unerheblichen Schaden nehmen.

Umgekehrt gilt aber auch, dass eine möglichst natürliche Behandlung des Kindes von Geburt an dessen Bindung an die Eltern stärkt und dass diese Art der elterlichen Fürsorge wohltuend für beide ist. Dazu gehören auch die möglichst lange Versorgung des Kindes mit Muttermilch, und zwar so, wie es den Bedürfnissen des Babys entspricht, anstelle der leider immer noch kursierenden 4-Stunden-Regel in den Stillintervallen. Babys sind in ihren körperlichen Bedürfnissen, in den Wachstumsschüben und dem, was das Gehirn zu seiner Versorgung benötigt, höchst unterschiedlich. Sie in eine regelgerechte, normierte Formel des modernen Erwachsenenlebens pressen zu wollen, ist völlig gegen die Natur des bedürftigen Kindes gerichtet.[8]

Je natürlicher Eltern mit ihrem Neugeborenen umgehen, desto besser gelingt die Bindung und desto sicherer und ausgeglichener wird der heranwachsende Mensch während seines gesamten Lebens sein können. Dort, wo die elementaren Bedürfnisse eines Kindes befriedigt, wo seine Gefühle respektiert und der ganze kleine Mensch in seiner Persönlichkeit geachtet wird, geht es sowohl ihm selbst als auch seinen Bezugspersonen besser.

Elementare Bedürfnisse

Wenn Mütter ihr Kleines möglichst ständig bei sich am Körper haben, spüren sie schon die zartesten Andeutungen von Stimmungsveränderungen oder beginnenden Phasen des Unwohlseins und können reagieren, bevor das Kind seine Bedürfnisse energischer und lauter (durch Schreien) kundtun muss. Um es pointiert zu sagen: Ein Säugling gehört nicht in ein kaltes, starres Bett in einem separierten, schalldichten Raum. Sein Platz ist einzig und allein bei der ihn liebenden und behutsam versorgenden Bezugsperson – das ist, vor allem in den Wochen und Monaten nach der Geburt, hauptsächlich die Mutter. Sogenannte Naturvölker in Afrika, Asien oder auch Lateinamerika machen vor, wie es geht: Dort tragen die Mütter ihre Kinder ständig bei sich, ja, sie schlafen in engem Körperkontakt mit ihren Babys. Getragene Babys schreien weniger. Sie haben auch keinen Grund dazu, denn der einzige Grund, warum ein Baby schreit, ist, weil es allein gelassen wurde, sich nun fürchtet oder weil es Hunger hat oder friert, also weil es jeweils ein Grundbedürfnis kundtut. Babys mit ständigem Körperkontakt zur Mutter haben hingegen ihre Bezugsperson ständig griffbereit, sie sind sicher, gewärmt und behütet, und ihre Bedürfnisse werden umgehend befriedigt.

Menschenjunge sind Traglinge, so hatten wir oben gesehen. Ein Baby will getragen sein. Sogar die Anatomie des menschlichen Körpers ist darauf abgestimmt, den Säugling seitlich auf der Hüfte zu tragen. Dass dies die natürliche Position des Babys ist, ist daran zu erkennen, dass es beim Hochgehobenwerden die Beinchen anwinkelt und leicht spreizt als Vorbereitung für die nun erfolgende natürliche, artgerechte Halbsitzposition auf der Seite der Mutter (oder des Vaters). Aber auch die Anatomie des Erwachsenen ist passgenau auf das Tragen des Babys abgestimmt. Der abgewinkelte Arm des Erwachsenen endet genau etwas oberhalb des auf der Hüfte ruhenden Beckens des Säuglings und stützt dessen Wirbelsäule.[9]

Menschen sind zwar Säugetiere, aber unter diesen nehmen wir, wie unsere Primaten-Verwandten, den Platz der Traglinge[10] ein. Geht ein Junges verloren, weil es vom Rücken der Mutter heruntergefallen ist oder die Mutter es abgelegt und vergessen hat, ist es dem Tod ausgeliefert. Unser gesamtes Verhaltensrepertoire, über das wir als Säuglinge verfügen, ist darauf angelegt, ständig getragen zu werden. Getragen zu werden heißt geschützt zu sein und stetigen Zugriff auf lebensnotwendige Ressourcen zu behalten. Darauf ist das Verhaltensmuster unserer Kleinsten angelegt, seine feinfühlige Erwiderung ist für das optimale Gedeihen des kleinen Lebens zwingend erforderlich.

Der perfekte Start

Wie verläuft nun die ideale Kindheit, welche Verhaltensweisen der Erwachsenen, die seine Obhut übernommen haben, sind die besten? Es beginnt gleich bei der Geburt. Die meisten gehen intuitiv davon aus, dass die Geburt auf natürlichem Wege, also ohne Kaiserschnitt oder Narkose, für Mutter und Kind zwar sehr anstrengend, aber das eigentlich Beste ist.

Gleich nach der Geburt kommt es auf die ersten Interaktionen zwischen Mutter und Kind an. Besonders die erste Stunde ist entscheidend. Hier besteht eine einmalige Chance für Mutter und Kind, sich auf besonders intensive Weise kennenzulernen und miteinander zu kommunizieren, die danach so nicht wiederkehrt. Das Baby ist darauf programmiert, das Gesicht seiner Mutter zu studieren und »die Mutter versucht […], beständig seinen Blick einzufangen, spricht es an und beginnt, wenn sie sich ungestört fühlt, ihr nun endlich anfassbares Kind zu streicheln.«[11]

Das scheint in Verbindung mit Frühchen besonders entscheidend zu sein, vor allem für die doch oft verunsicherten Eltern, die der geschäftigen Krankenhausroutine und all den notwendigen Lebenserhaltungsapparaten recht hilflos gegenüberstehen und nicht wissen, was sie tun können oder dürfen, womit sie ihrem Kind den Start ins Leben erleichtern oder diesen gar gefährden.

»Inzwischen weiß man die Bedeutung der ersten Interaktionsmöglichkeit nach der Geburt allgemein zu schätzen. Denn […] hieraus ergeben sich […] ganz handfeste Konsequenzen. So treten seltener Stillprobleme auf«. Zudem wünschen sich Mütter »von Anfang an, ihre Kinder möglichst häufig bei sich zu haben. Kann ein Baby bei seiner Mutter bleiben, schreit es weniger. […] Eine Trennung beeinträchtigt ein Neugeborenes stark und wirkt sich wahrscheinlich auch ungünstig auf die Verarbeitung späterer belastender Situationen aus.«[12]

Übrigens können Väter genauso emotional mit ihrem Neugeborenen verbunden sein wie die Mütter. Wenn die Mutter in der ersten Zeit nach der Geburt dazu nicht in der Lage ist, kann der anwesende Vater die Rolle des Erstkontakts für das Baby übernehmen. Einem mir gut bekannten jungen Vater war bei der Kaiserschnittgeburt seines Sohns etwas blümerant zumute geworden und er war regelrecht zu Boden gegangen, als ein Geburtshelfer ihm in der, so wörtlich: »perfekten Ausgangshaltung« das frisch zur Welt gebrachte kleine Bündel auf den Bauch legte. Das Ereignis muss für ihn einen positiven bleibenden Eindruck hinterlassen haben, denn nach wie vor hat er ein besonders zärtliches Verhältnis zu seinem Sohn.

Zu einer guten, sicheren Bindung gehört selbstverständlich die möglichst ständige Verfügbarkeit mindestens einer Bezugsperson für das Baby. Das schließt die prompte und adäquate Reaktion auf die Lautäußerungen des Babys ein. Wenn das »intuitive Elternprogramm«[13], das perfekt auf die Interaktion mit dem Baby abgestimmt ist, nicht von außen gestört wird, läuft es für beide Seiten richtig ab, das heißt, es entspricht der Natur sowohl des Babys als auch der Eltern. Die Sprechweise der Eltern übt hierbei einen wesentlichen Einfluss auf die spätere Entwicklung des Kindes aus. Ist sie von Sensibilität, Rücksichtnahme und Respekt gegenüber der eigenständigen Person des Kindes geprägt und ist sie eher reaktiv als ständig aktiv oder fordernd, wird die Eltern-Kind-Bindung sicher sein. Redet der Erwachsene hingegen zu viel und fordert zu häufig die Aufmerksamkeit des Babys ein, oder redet er zu wenig bis gar nicht mit dem Kind, wird sie gestört.

Stimmt die Interaktion zwischen Mutter und Kind, wird die Mutter die Lautäußerungen ihres Babys wahrnehmen und angemessen und vor allem prompt darauf reagieren. Diese absolut zeitnahe Reaktion der Bezugsperson auf die Interaktionsangebote und -gesuche des Babys sind für eine gelungene und auf Dauer angelegte Bindung unerlässlich.[14]

Aus einem glücklich aufgewachsenen, sicher gebundenen Baby wird ein glückliches Kind, das von seinen Eltern umsorgt, geschützt, genährt, behütet und emotional gefestigt wird. Kindern merkt man es schnell an, wenn sie Eltern haben, die sie fördern, die sie vor allem ob ihrer bloßen Existenz willen lieben, sie stützen und für sie da sind. Solche gefestigten, emotional sicheren und ausgeglichenen Kinder können voller Zuversicht und Neugier ihre stets größer werdende Welt erkunden. Sie wissen, dass ihre Eltern stets verfügbar sind, sie niemals im Stich lassen, auf ihre Äußerungen oder kleinen Erfolge adäquat, weil zustimmend reagieren. Droht Gefahr oder fühlen sie sich angesichts einer neuen, unbekannten Situation oder einer Begegnung mit anderen Menschen, die ihnen unheimlich sind, unsicher und unwohl, wissen sie, wo sie Unterstützung, Zuspruch, Ermutigung oder auch Trost finden können. Und sie wissen, dass all dies absolut zuverlässig zur Verfügung steht, weil ihre Eltern es als ein

Bedürfnis erachten, für ihre Kinder da zu sein. Sie haben es beim Säugling angewandt und ändern es nun auch beim heranwachsenden und jeden Tag ein bisschen selbstständiger werdenden Kind nicht; sie sind da und geben das, was das Kind zur jeweiligen Zeit braucht; nicht mehr und auf keinen Fall weniger.

Fehlstart

Man sieht, wie in uns allen die Voraussetzungen für ein gesundes, dem Kind förderliches Bindungsverhalten angelegt sind. Angelegt heißt aber nicht, dass sie unabwendbar und störungsfrei wirken. Durch ungünstige Umfeldbedingungen und die sprichwörtlichen vielen Köche, die den Brei verderben, in Gestalt der um ein Elternpaar gruppierten, ungezählten Erwachsenen (Großeltern, Verwandte, Freunde und gute Bekannte) kann das natürlich angelegte, intuitive Elternprogramm gestört, behindert oder ganz beeinträchtigt werden. Wer hat nicht schon in solchen Situationen mehr oder weniger wohlgemeinte Ratschläge gehört, wie: »Lass das Kind schreien, das kräftigt die Lungen. Du hast es doch erst eben gefüttert und gewickelt. Lass es liegen, es braucht nichts«, oder fast schon drohende Ermahnungen: »Wenn du es jedes Mal aufnimmst, wenn es schreit, wird daraus noch ein ganz verwöhntes Früchtchen«? Manche Eltern berichten selbst von solchen, aus Erfahrung gewonnenen Verhaltensweisen: »Neulich hat uns der Kleine [ein drei Monate alter Säugling] schier zur Verzweiflung getrieben. Wollte sich doch partout nicht ins Bett bringen lassen. Kaum hatten wir ihn hingelegt, ging das Geschrei los. Mir ist das dann zu bunt geworden und ich hab mir den Kleinen geschnappt und ihm tüchtig den Arsch versohlt. Das muss manchmal sein, die sollen spüren, dass man ihnen nicht alles durchgehen lässt.« Und es finden sich noch viele ähnliche vermeintlich hilfreiche Tipps.

Sind die Störungen erst einmal verankert und haben sie ihre nachteiligen Wirkungen bereits dauerhaft entfaltet, wird das weitere Gedeihen des Nachwuchses unter sehr unsicheren Vorzeichen stehen. Nicht zuletzt beeinträchtigt die durch Kultur, Tradition und falsche Erziehung verformte Kindheit am Ende das gesamte spätere Leben und schafft die Grundlage für eine menschliche Gesellschaft, die sich aus verformten und in ihrer Psyche beeinträchtigten Individuen zusammensetzt. Die Folgen sind heute überall auf der Welt deutlich zu sehen: unglückliche, weil deformierte Mütter und Väter, die ihrerseits unglückliche und oft auch kriegstraumatisierte Eltern und Vorfahren hatten. Diese wiederum waren selbst bereits durch weit früher etablierte Erziehungsmethoden geschädigt worden und brachten Eigenheiten und Verhaltensweisen mit, die gewissermaßen als Grundausstattung für jene schrecklichen Ereignisse taugten, die Europa und die ganze Welt gleich zweimal heimsuchen sollten.

Selbstentfremdung durch Kultur

Seit seiner Sesshaftwerdung gingen dem Menschen unzählige natürliche Verhaltensweisen und Fähigkeiten verloren, die nicht ersetzt werden konnten. Zwar ergaben sich mit der Sicherheit der Nahrungsbeschaffung durch Ackerbau und Viehzucht und dem dauerhaften Schutz vor Kälte und Feinden in festen und sicheren Behausungen aus Stein erhebliche Vorteile, gleichzeitig aber sind uns viele unserer genetisch angelegten Fähigkeiten und Merkmale im Laufe der Zivilisation abhandengekommen.

Zu den weniger vorteilhaften Errungenschaften unseres heutigen Lebens gehört das Separieren selbst der Allerkleinsten zur Schlafenszeit. Möglichst früh sollen die Babys durchschlafen. Die gestressten, meist berufstätigen Eltern wollen endlich wieder ganz normal schlafen und sich erholen. Das schreiende Baby stört da bloß, und deshalb muss es gleich von Anfang an lernen, dass es seine Bedürfnisse nicht sofort stillen kann und zu warten hat. Auch erhofft man sich, dass der kleine Mensch so rasch wie möglich selbstständig wird; hier glaubt man, mit dem Training gar nicht früh genug beginnen zu können. Das eigene Kinderschlafzimmer ist in deutschen Familienhäusern Standard, bestens ausgestattet und sorgsam dekoriert. Früh legt man die Kleinkinder in ihre eigenen Bettchen, deckt sie zu und löscht das Licht. Zeigen sich die Kleinsten uneinsichtig und schreien, sobald man sie hingelegt hat, nimmt man sie kurz auf, tröstet sie und sagt ihnen, dass sie nun aber schön artig sein und keine Schwierigkeiten machen sollen. Danach legt man sie wieder hin.

Nach wie vielen vergeblichen Versuchen liegen die Nerven beider, der Eltern wie des Babys, blank? Und was folgt dann? Das hängt davon ab, unter welchen Umständen die Eltern selbst erzogen wurden. Je weiter wir in die Vergangenheit zurückgehen, desto größer wird die Wahrscheinlichkeit, dass religiöse, oft auch autoritäre Elemente Teil des Wertegerüsts bildeten, das Generation auf Generation das Aufwachsen und die Erziehung weitgehend bestimmt und sowohl Denken als auch Handeln der Menschen wesentlich geprägt hat. Dazu später mehr.

Wenn Babys durch die Hölle müssen

Oben haben wir untersucht, welche Bedürfnisse das Menschen-Baby gleich zu Beginn seines Lebens außerhalb des Mutterleibes hat. Wir haben gesehen, unter welchen Voraussetzungen der Start ins Leben für jedes Neugeborene gelingt. Körperkontakt gleich vom ersten Augenblick nach der Geburt an und die ständige Verfügbarkeit der Bezugspersonen sind unerlässliche Bedingungen, damit ein Baby wachsen und gedeihen kann und damit es zu einer selbstbewussten, starken und selbstständigen Persönlichkeit heranreift. Grundvoraussetzung ist die gefestigte Mutter-Kind-Bindung. Ebenso haben wir gesehen, wie eine solche Bindung zustande kommt: die liebende Mutter, die ihr Kind möglichst oft bei sich am Körper trägt (das Baby will getragen sein, dies entspricht seiner biologischen Natur), die es stillt und auch sonst ständig für die Bedürfnisse des Babys da ist, die nicht erst wartet, bis das Baby aus seiner Not heraus schreien muss – das ist das Ideal.

Leider hat unsere moderne Zivilisation mittlerweile eine jahrhundertelange Tradition darin, solche fundamentalen Erkenntnisse systematisch vergessen oder sie durch erzieherische Maßnahmen aus den Köpfen der Menschen verbannt und damit das Ideal beinahe vollständig ausgelöscht zu haben. Da werden Kinder nach der Geburt zunächst einmal ihren Müttern weggenommen, man wickelt sie in eng geschnürte Windeln oder meterlange Bänder, bindet dabei die Ärmchen an den Körper und die Beinchen fest zusammen, sodass aus einem kompakten, starren Stoffkokon allein das Köpfchen herausschaut.[15] Dann bringt man dieses Stoffpaket der ihrerseits gesäuberten und in Tücher eingepackten Mutter zum Säugen. Danach nimmt man das Kind wieder weg und legt es zu den anderen gleichermaßen fest verschnürten, wimmernden Bündeln in den eigens für mehrere Säuglinge hergerichteten Schlafsaal. Dort sollen sie sich von der anstrengenden Geburt erholen. Den Müttern verordnet man ebenfalls absolute Ruhe nach all der Anstrengung, am besten ohne ihre störenden, fordernden Babys.

Diese rohe Behandlung war auch in den Fünfziger-, Sechziger- und Siebzigerjahren des vergangenen Jahrhunderts die Regel. Man badete die Babys nach der Geburt sogleich, danach rubbelte man sie trocken, hielt sie sodann kopfüber an den Füßchen hoch und stellte mit einem Maßband für die Statistik fest, wie gesund und körperlich entwickelt der neue Erdenbürger denn sei. Anschließend wurden die Kleinen gewogen, angezogen und wenn es eine gute Geburtsklinik war, der Mutter an die Brust gelegt. Nach der Nahrungsversorgung aber wieder hübsch ins eigene Bettchen, denn früh schon sollte das Kleine an das harte, selbstständige Leben gewöhnt werden.

Alle, die zur Alterskohorte der Babyboomer gehören, also in den Jahren 1950 bis 1970, ja vielfach sogar noch in den 80er-Jahren des letzten Jahrhunderts geboren wurden (die davor Geborenen muss man eigentlich gar nicht extra erwähnen), haben diese Prozedur der geschäftigen Geburtskliniken erleiden müssen. Ich sage bewusst *erleiden*, denn das, was man ihnen damals als hilflosem Säugling angetan hat, kann man aus heutiger Sicht kaum anders als grausam bezeichnen.[16]

Heutzutage haben Säuglinge es allem Anschein nach wesentlich besser. Moderne Geburtskliniken tragen besser sowohl den Bedürfnissen des Neugeborenen als auch jenen der jungen Mutter Rechnung. Kind und Mutter werden unmittelbar nach der Entbindung

Selbstentfremdung durch Kultur

nicht sogleich voneinander getrennt, im Gegenteil; endlich hat man verstanden, dass die unmittelbaren Stunden nach der Geburt für die gegenseitige Bindung von entscheidender Bedeutung sind. Alles, was dazu dient, diese Bindung zu ermöglichen und zu fördern, erkennen heutige Geburtshelfer als wesentlich für beide an – Mutter und Kind. Auch die von vielen Müttern bevorzugte Hausgeburt im Beisein einer beiden zugewandten Hebamme hat die Situation für ungezählte Neugeborene fundamental verbessert.

Es ist ein großes Glück für die meisten der heute Geborenen, dass man aus den gravierenden Fehlern der jüngeren Vergangenheit endlich gelernt und die viel zu lange schon überfälligen Konsequenzen gezogen hat – heutige Babys unterliegen in den meisten Fällen nicht mehr der grausamen Entrechtung durch allzu dienstbeflissenes Geburtspersonal.

Jenes Personal der früheren, erbarmungslosen und unwissenden Zeiten aber hatte dieselben unerträglichen, bösen Erfahrungen einst selbst durchleiden müssen, die es nun, abgestumpft in seinem eigenen Empfinden, unreflektiert weitergab. Durch welche Höllen ungezählte Babys in den vergangenen Jahrzehnten gehen mussten, ist kaum zu beschreiben. Keines ihrer elementaren Bedürfnisse wurden adäquat gestillt, am wenigsten jenes nach Liebe, Nähe und Geborgenheit. Rasch musste es gehen und effizient. Ähnlich, wie man heute Massen von Nutztierjungen wenige Stunden nach ihrer Geburt endgültig von den Müttern trennt, weil deren Milch nicht ›vergeudet‹ werden soll, kam es in den damaligen Geburtsfabriken darauf an, alles zu unterbinden, was den raschen, effizienten Ablauf der Kinderproduktion behinderte. Es blieb daher keine Zeit für die so notwendige Bindungsphase des Kindes an seine Mutter gleich nach der Geburt. Es so schmutzig, wie es aus dem Frauenkörper herausgekommen war, zunächst auf deren Bauch zu legen, damit sich beide in Ruhe gegenseitig betrachten und kennenlernen konnten, war undenkbar. Sauber musste alles sein. Auch galt es, Buch zu führen über Größe und Gewicht und sich über die jeweilige Tagesstrecke der zur Welt

Gebrachten dadurch Übersicht zu verschaffen, dass alle Kleinen in den in Reih und Glied aufgestellten Bettchen im großen Schlafsaal lagen. Stundenlang lagen sie da. Frisch gebadet und in sauberes Leinen gewickelt, gefüttert und daher vermeintlich bedürfnislos. Mochten sich die Würmchen auch die Lungen aus dem Hals schreien, weil ihnen schmerzlich fehlte, was sie mehr als alles andere brauchten, allein ihr Rufen nach Befreiung aus der Todesangst des Verlassenseins wurde nicht gehört. Ihre quälende Sehnsucht nach Liebe, Aufmerksamkeit und engem Hautkontakt mit der Mutter, deren Herzklopfen sie über Monate zuvor ununterbrochen gehört hatten, blieb ungestillt. Die Mütter sollten rasch genesen, und da störten die Unersättlichen bloß. Andere Mütter, die ihre Tortur noch vor sich hatten, mussten versorgt, ebenso im Akkord die vielen Babys gebadet, gewogen, eingewickelt und gefüttert. Da blieb keine Zeit für achtsames oder rücksichtsvolles Herantasten an Natürlichkeit.

Hatten beide, Mutter und Baby, die fabrikmäßige Routine der Klinik hinter sich gelassen, sah sich vor allem der Säugling im trauten Heim der fortgesetzten Verletzung seiner unabänderlichen Natürlichkeit ausgeliefert. Kratzender Stoff auf der empfindlichen Haut, ein kaltes, unbewegliches Bettchen im stillen, abgedunkelten Kinderzimmer. Dorthin legte die Mutter das gestillte oder mit der Flasche satt gemachte Baby. Bevor sie das Zimmer verließ, erkundigte sie sich noch einmal, dass dem Baby nichts fehlte, und ging dann den anderen Verpflichtungen nach. Mochte das satte Baby auch beseelt bereits in den Armen der Mutter eingeschlafen sein – wenn es erwachte, fand es sich immer wieder in der für sein natürliches Empfinden lebensbedrohenden Notlage: Es war allein, niemand war da, nichts bewegte sich, alles war dunkel, starr und kalt. In seiner Lage benutzte es, was die Natur ihm als Schutz und Reserve für den Ausnahmefall mitgegeben hatte: seine Stimme.

Aus seiner Sicht hatte die Mutter es liegen lassen und vergessen. Nun versuchte es, die unachtsame, vergessliche Mutter herbeizurufen. Wenn es Glück hatte, kam sie rasch ins Zimmer, nahm das Kind aus dem Bettchen, wiegte es sanft in ihren Armen und redete ihm beruhigend zu. Nun war die Welt wieder richtig, war in den der Natur des Kindes entsprechenden Zustand versetzt, das Menschenjunge befand sich an dem für es einzig möglichen Ort: dicht am Körper des für sein Wohlergehen, seinen Schutz und die Befriedigung seiner elementaren Bedürfnisse verantwortlichen Erwachsenen. Hatte das Baby Pech, wurde selbst sein Rufen nicht gehört oder, schlimmer, ignoriert: »Lass das Kind schreien, das kräftigt die Lungen« – und ähnliche unsensible Tipps bis hin zum Prügeln des Säuglings wegen seines nervenden Schreiens, oben kamen sie bereits zur Sprache.

Exkurs: Die Hölle männlicher Babys in den USA

In den USA müssen Millionen männlicher Säuglinge seit dem frühen 20. Jahrhundert noch eine weitere grausame Tortur über sich ergehen lassen. Weil man die im 19. Jahrhundert ›grassierende Unsitte‹ der Masturbation unter Männern, die wochen- oder monatelang von ihren Familien getrennt lebten, um den Lebensunterhalt zu verdienen, eindämmen wollte, ergriff man drastische Maßnahmen. John Harvey Kellog verdiente ein Vermögen mit Büchern, in denen er Masturbation als Krankheit bezeichnete, die »einunddreißig verschiedene Leiden« verursache. Die Symptome seien unter anderem »Schüchternheit und Schlaflosigkeit. Kellog entdeckte zwei Heilmittel: Kellog-Frühstücksflocken und, für hartnäckige Selbstbefriediger, Beschneidung[17].« »Die Masturbationsphobie dauerte von etwa 1830 bis 1930«.

Schließlich empfahlen erste Spezialisten die Verstümmelung von Säuglingen, um der Masturbation vorzubeugen, anstatt sie zu heilen. »Der Herausgeber des Journal of the American Medical Association [vertrat] 1928 diese [Auffassung].« Man vermutete, »beschnittene Knaben« kämen weniger mit ihrem »Penis beim Reinigen oder als Reaktion auf eine mit der Vorhaut verbundene Irritation in Berührung«. Zudem ließen sich all die behaupteten Folgeerkrankungen mit der Vorhautamputation gewissermaßen prophylaktisch kurieren. Es verwundert kaum, dass sich die Genitalverstümmelung männlicher Babys vor allem in den oberen Schichten der amerikanischen Gesellschaft etablierte. Die tatsächlichen Ursachen vieler Krankheiten waren zu jener Zeit unbekannt, daher ließen sich die Behauptungen über die medizinischen Folgen der Masturbation sowie ihre präventive Therapie nur schwer widerlegen.[18]

Aus Behauptungen von Medizinern wurden Gewissheiten und aus diesen feste Gewohnheiten. Bis heute fragt das Geburtshilfepersonal routinemäßig werdende Eltern, ob sie ihren Sohn beschneiden lassen möchten. 1988 lag die Rate bei 58 % der männlichen Babys.[19] Wegen der zu hohen Risiken bei der Wirkung von Anästhetika wird ohne Betäubung operiert.[20] Ich möchte im Folgenden Marilyn Milos zitieren, die in ihrer Ausbildung eine Vorhautamputation in der Krankenpflegeschule miterlebt hat:

»Wir Auszubildenden gingen in das Neugeborenen-Zimmer und fanden dort ein Baby wie einen ausgebreiteten Adler auf ein Plastikbrett geschnallt auf einer Theke im Raum. Er kämpfte gegen seine Fesseln an – und zerrte, wimmerte und weinte dann hilflos … Ich streichelte seinen kleinen Kopf und sprach sanft zu ihm. Er begann sich zu entspannen und war vorübergehend still. Die Stille wurde schon bald von einem durchdringenden Schrei unterbrochen – die Reaktion des Babys darauf, dass seine Vorhaut eingeklemmt und zerquetscht wurde, als der Arzt die Klemme an seinem Penis befestigte. Das Kreischen verstärkte sich noch, als der Arzt ein Instrument zwischen Vorhaut und Eichel (den Kopf des Penis) einführte und die beiden Strukturen auseinanderriss. Das Baby begann seinen Kopf hin und her zu schütteln – den einzigen Teil seines Körpers, den [es] noch frei bewegen konnte – als der Arzt eine andere Klammer benutzte, um die Vorhaut der Länge nach zu zerquetschen, die er dann einschnitt. Dies machte die Öffnung der Vorhaut groß genug, um ein Beschneidungsinstrument einzuführen, wobei die Vorrichtung verwendet wurde, um die Eichel davor zu schützen, während der Operation abgetrennt zu werden. Das Baby begann zu keuchen und zu röcheln, außer Atem von seinem fortwährenden schrillen Schreien … Während der nächsten Phase der Operation quetschte der Arzt die Vorhaut gegen das Bechneidungsinstrument und amputierte [sie] schließlich. Das Baby war schlapp, schachmatt, erschöpft.«[21]

Verglichen damit erscheinen die Traumen des verlassenen Säuglings im starren Kinderbett harmlos. Doch auch das auf das Plastikbrett geschnallte Baby wurde von seiner Mutter alleingelassen. Zu dem Trauma der brutalen Verletzung kommt das Trauma des Verlassenseins hinzu. Die Folgen einer solchen naturwidrigen, grausamen Behandlung der Schutzwürdigsten unserer menschlichen Gesellschaft sind verheerend. Wir werden im Verlauf dieser Betrachtungen immer wieder darauf zu sprechen kommen.

*

Das Trauma des verlassenen Säuglings haben wohl die meisten von uns durchleben müssen. Die Angst der Todesgefahr, in der wir uns als Säuglinge immer dann wähnten, wenn wir im starren Kinderbettchen aufwachten, hat tief gehende Folgen für unser Verhalten als Erwachsene. Die Todesangst des Säuglings wollen wir nie wieder erleiden müssen. Deshalb investieren wir viel, um aus der Gruppe, der wir angehören, nicht verstoßen zu werden. Selbst vor der Opferung uns nahestehender Menschen schrecken einige von uns nicht zurück – davon handelt unter anderem das vorliegende Buch.

Wie kam es zu solchen Entwicklungen? Was hat die Menschen dazu veranlasst, auf solch unnatürliche Weise miteinander und mit ihrem Nachwuchs umzugehen?

Menschenbilder

Es wurde bereits angerissen, dass die Sesshaftwerdung des Menschen gewisse Vorzüge und Bequemlichkeiten mit sich brachte. Nun konnten Eltern ihre stets fordernden Kleinen auch einmal ablegen und waren von der Last befreit, sie auf ihrer rastlosen Suche nach Nahrung und Unterschlupf für die Nacht mit sich herumtragen zu müssen.

Dies war gewissermaßen der äußere, wenn man so will: technische Rahmen der Verhaltensänderung. Hinzu trat jedoch eine kulturell-geistige Bequemlichkeit und willkomme Begründung für das fortan nicht mehr intuitiv-natürliche Verhalten des Menschen: das Konzept eines sündigen, schwachen und der Gnade und Vergebung bedürftigen Menschen, der allezeit entblößt vor Gott steht.

Die drei monotheistischen Weltreligionen haben im Patriarchat des Orients ihre gemeinsame Wurzel. Wie auch immer sie in ihrem inneren Gehalt ausgestaltet und hergeleitet sind, so teilen sie doch die dem Monotheismus inhärenten Wesensmerkmale. So ist zum Beispiel der jeweilige Gott recht machtbewusst, zuweilen rachsüchtig, in seinen Forderungen kleinteilig und in seinem Absolutheitsanspruch maßlos.

Christentum

Mögen moderne, westlich geprägte Christen davon nicht gern hören, so verlangt doch auch der Christengott sehr bestimmt ungeteilte Gefolgschaft[22] und droht mehr oder weniger unverhohlen seinen Feinden, den Ungläubigen.[23] Einer der christlichen Autoren widmet einen ganzen Brief der Warnung vor religiöser Unzuverlässigkeit und beschreibt drastisch die Strafe für all jene, die »ein böses Herz des Unglaubens« entwickeln.[24] Unglaube ist nach christlicher Lesart eine der schwerwiegendsten Sünden, die ein Mensch begehen kann. Überhaupt hat die Sünde hier eine schwerere Bedeutung und stellt den inneren Zustand des Menschen dar, dem er nur unter großen Mühen entkommt.

Dies ist eine deutliche Begriffsverschiebung gegenüber der jüdischen Tradition. Dort bedeutet Sünde lediglich ein Verfehlen des Ziels, nämlich die Gebote Gottes zu befolgen (danach kehrt man um und bessert sich – das ist alles). Wie oben gesehen, ändert sich das in der christlichen Religion. Nun ist die Sünde ein pathologischer Zustand aller Menschen, denn sie ist erblich.[25] »Alle haben gesündigt und die Herrlichkeit Gottes verloren«, so sagt es der große Apologet.[26] Diesen Gedanken nimmt der Kirchenvater Augustinus auf und konkretisiert ihn, indem er selbst das neugeborene Kind als mit der Sünde behaftet beschreibt.[27] Aus diesem pessimistischen Menschenbild speist sich letztlich die autoritäre Erziehung der Kinder. Selbst das Neugeborene ist »in Sünde empfangen«[28] worden, daher ist es bei seiner Geburt bereits mit Schuld beladen. Aus dieser Überlegung heraus ist es folgerichtig, das Kind zu Gottesfurcht, Gehorsam und Unterwürfigkeit unter die Gnade Gottes zu erziehen. Adam und Eva hatten die Sünde in die Welt getragen. Gott sandte in seiner Gnade seinen Sohn, Jesus Christus, der uns durch seinen Kreuzestod von der Sünde erlöst hat.

Wenn also selbst der Säugling in letzter Konsequenz ganz sündig ist, also auch durch Gottes Widersacher, den Teufel, verführbar, dann sind diese sündigen Neigungen von Anfang an erkennbar und dann muss Erziehung darauf gerichtet sein, sie zu beseitigen. Der erste und entscheidende Schritt auf diesem Weg besteht darin, den Willen des Kindes zu brechen, und ihm die sündigen, in (religiöser) Wahrheit teuflischen Eigenheiten auszutreiben. Man kann damit nicht früh genug beginnen, denn seinen eigenen Willen äußert der Säugling gleich mit dem ersten Schrei.

An dieser Stelle begegnen sich die Bequemlichkeit des Fortschritts (das Haus des sesshaft gewordenen Menschen mit separierten Räumen, auch für das Kind) und die Trägheit des Denkens (u. a. das unreflektierte Befolgen patriarchal geprägter, religiöser Gebote). Der Mensch zog nicht mehr jagend und Früchte sammelnd umher; folglich konnten auch Eltern ihre Babys ablegen, und zwar in festen, stillen

Behausungen, um, von dieser Last befreit, ihren eigenen Geschäften nachzugehen. Gleichzeitig war dieses Ablegen des stets fordernden Kindes ein erzieherischer Akt, der nicht zuletzt auch der spirituellen Reinigung seiner sündigen Natur diente. Indem die Eltern nun selbst bestimmen konnten, welche der Äußerungen eines Kindes in Wahrheit teuflischen, sündigen Charakter in sich trugen, gewannen sie die Herrschaft über sie, so, wie ihr Gott längst Herrschaft über ihre eigene sündige Natur ausübte.

Die Verkünder solcher ewiger Wahrheiten legten ihrerseits großen Wert auf Gehorsam[29], Unterwürfigkeit und Gottesfurcht, da dies ihre herausgehobene Stellung sicherte und festigte. In ähnlicher Weise besaßen Eltern nun ebenfalls ein Machtinstrument über ihre Kinder, denen gegenüber sie nun die Stärkeren waren. Und gab nicht Gottes Wort selbst die Anleitung zur Gehorsamserziehung der Kinder sowie zu der Pflicht der Eltern, die Kinder vor allem Gottesfurcht zu lehren?[30] Die mit der Entmündigung des Menschen einhergehende Trägheit seines Geistes war der fruchtbare Boden, auf dem auf der einen Seite das herrschaftliche Sündenkonzept der geistlichen Führer gedieh (Ablasshandel, Inquisition) und auf der anderen Seite ein über Jahrhunderte dumm[31] gemachtes, untertäniges Volk stand, das gehorsam die göttlichen Gesetze und Gebote befolgte. Wer aber nicht in der Lage ist, eine eigene Ethik zu bestimmen und danach zu leben, ist Moralvorstellungen unterworfen, die andere festgelegt haben, ungeachtet dessen, ob sie vernünftig sind oder ob sie es in Wahrheit an Menschlichkeit fehlen lassen, Schaden anrichten und deshalb als unvernünftig abzulehnen wären.

Nun, das Konzept der Erbsünde ist ein solch durch und durch unmenschliches, unvernünftiges Gedankenkonstrukt. Erstens verträgt es sich natürlich nicht mit den Erkenntnissen der Evolutionsbiologie, wonach erworbene, erlernte Fähigkeiten oder anerzogene Verhaltensweisen oder Denkmuster keinen Einfluss auf das Genom der Eltern haben und sich auch nicht in deren Keimzellen niederschlagen. Folglich kann ein Fehler im Denken nicht an die nächste

Generation auf genetischem Weg vererbt werden. Was aber stattfindet, ist die kulturelle Weitergabe solcher Denk- oder Verhaltensmuster von den Eltern an die Kinder, die vor allem durch Nachahmen lernen.

Zweitens – und das ist gravierender – berührt das Erbsünde-Konzept das Selbst- und Menschenbild sowohl Einzelner als auch einer ganzen Bevölkerung oder gar der gesamten Menschheit. Die vor allem durch Augustinus konkretisierte Idee des fehlerhaften, in Sünde geborenen, »kümmerlichen Abrisses«[32] der Schöpfung Gottes untergräbt die Würde jedes einzelnen Menschen. Wenn sogar »das Kind, das nur einen Tag auf der Erde lebt[,]« bereits »nicht sündenrein« ist, wie Augustinus es in den *Bekenntnissen* formuliert, können Eltern, die diese Weltsicht teilen, ihr Kind nicht mehr unbeeinträchtigt und unvoreingenommen als liebenswertes Wesen um seiner selbst willen annehmen. Alles, was sie dem Kind an Versorgung, Zuwendung, Aufmerksamkeit und Liebe geben mögen, geschieht unter Vorbehalt. Stets müssen sie seine sündigen Neigungen im Auge behalten, denn die dürfen nicht sein. Unter diesen pessimistischen Vorzeichen kann eine unbekümmerte oder gar natürliche und intuitiv richtige Bindung der Eltern zu ihrem Kind nicht wirklich gelingen. Abergläubische Eltern, denen man die Furcht vor den »Listen des Teufels«[33] eingeflößt hat, können nicht einfach so ihr Kind lieben, wenn es gleichzeitig Träger der Urkrankheit des menschlichen Geschlechts, der Erbsünde, ist. Aber auch sich selbst kann der erwachsene Mensch kaum so annehmen, wie er ist. Warum? Nun, wenn der Teufel selbst in mir wirksam wird, indem er beispielsweise meine Fleischeslust anfacht, oder wenn ich selbst, befallen von der Urkrankheit, vor Gott bereits seit meiner Geburt als verurteilt, weil sündig, dastehe, wie kann ich da ein gesundes Selbstwertgefühl, geschweige denn gar ein ordentliches und gefestigtes Selbstbewusstsein entwickeln?

»Gottesvergiftung«[34] nennt Tilmann Moser den Zustand der Totalbesatzung aller menschlichen Regungen, Gefühle, Gedanken, Worte und Beziehungen durch das unmenschliche Konzept vom sündigen

Menschen, der nackt, entblößt und gedemütigt vor Gott steht. Diese Demütigung wirkt tief bis in die hintersten Winkel auch des Unbewussten. Ein Mensch, dem von klein auf glaubhaft (denn wie sollte ein Kind wissen, dass seine Eltern es in Wirklichkeit anlügen?) versichert wird, er sei ein nichtswürdiges, in Sünde verstricktes Subjekt, das dringend und unabwendbar der Gnade Gottes bedürfe, wolle es nicht dereinst als böse verurteilt werden, ein solch herabgesetzter Mensch wird kaum Selbstachtung entwickeln können. Selbstachtung aber ist eine Grundvoraussetzung zu einem erfüllten, sinnvollen Leben. Wer sich stets und überall dem voyeuristischen Blick des Allmächtigen ausgesetzt wähnt, wird selbst im Dunkel der Nacht und unter der Bettdecke keine Ruhe finden können; die Privatheit vor Gott gibt es nicht, denn er sieht bekanntlich alles. Da nützt es dann auch nichts, seinen Körper in unzählige Schichten verhüllender Kleider einzuwickeln, vor Gott steht der Mensch stets nackt und entblößt da.

Die am tiefsten gehende Wirkung entfaltet jedoch die Gewissheit, dass unsere geheimen Gedanken, Sehnsüchte, Wünsche und auch unsere inneren Begierden nicht in unserem alleinigen Besitz bleiben; wir haben darauf gewissermaßen kein Eigentumsrecht, denn »wir alle werden vor Gott Rechenschaft ablegen müssen«[35], so erinnert die Bibel den Gläubigen. Dass ein Mensch sein gesamtes gläubiges Leben hindurch von Gott *in flagranti* ertappt wird, ist beschämend genug und höhlt die Entwicklung eines gesunden Selbst vollkommen aus. Wenn aber sogar die innersten Gedanken zu jeder Zeit vor Gott wie ein offenes Buch daliegen[36] und der Mensch überhaupt keinen Rückzugsraum für sich selbst mehr hat, dann ist er in seinem Wesen, in dem, was ihn als Subjekt mit eigenem unverwechselbaren Selbst erst ausmacht, zerstört; sein Ich ist vollkommen vergiftet und seine persönliche Würde dahin. Ein Mensch aber, dessen ganzes Sein durch und durch ausgehöhlt, dessen Individualität untergraben und dessen Selbstachtung von Anfang an unterbunden wurde, ein Mensch also, dessen Existenz gottvergiftet ist, wird dieses Gift an seine Nachkommen weitergeben. Etwas anderes ist unmöglich. Ein in seinem Selbst tiefgehend beschädigter Mensch wird seine Kinder mindestens in dem gleichen Maße schädigen, wie er selbst Schaden genommen hat.

Islam

Auch der Islam kennt den Begriff der Sünde, allerdings nicht im pathologischen Sinn wie im Christentum. In jedem Fall aber ist der Mensch, der vor Allah steht, schwach, unzulänglich und sündigt immer wieder. Allah aber ist zum Vergeben bereit, seine Barmherzigkeit scheint grenzenlos.[37] Voraussetzung für Allahs Sündenvergebung sind jedoch unbedingte, vollständige Reue und Umkehr[38], die durch entsprechende gute Taten bewiesen werden müssen.[39] Allerdings sind gute Taten keine Garantie für das Eintreten ins Paradies, sondern ausschließlich die Gnade Allahs; selbst der Prophet konnte sich seiner Errettung nicht sicher sein.[40] Eine Tat, die in jedem Fall Sünden auslöscht, ist die Annahme des Islam.[41]

So barmherzig und verständnisvoll Allah auch ist, scheint er andererseits den sündigen Menschen auch nicht entbehren zu können. Er würde sogar andere Geschöpfe erschaffen, die sündigen, wenn sich herausstellen sollte, dass die Menschen nicht sündigen, damit er überhaupt irgendjemandem vergeben kann.[42]

Was Gläubige als besondere Großzügigkeit ihres Gottes preisen, entpuppt sich damit bei genauerer Betrachtung als Charakterschwäche: Ich bin groß, weil ich dir vergebe. Mein Selbstwertgefühl erwächst aus deiner Schwäche. Weil ich die Macht habe, dir zu vergeben, bin ich dir überlegen. Du darfst zu mir als dem Überlegenen aufschauen, während du nicht merken sollst, dass mein Selbstbewusstsein von deiner sündigen Natur abhängt. Deswegen habe ich dich schwach erschaffen, damit ich in deiner Schwachheit stark und mächtig bin.

In der Paralleldenkwelt Gläubiger existiert eine solch kritische Analyse nicht. Gott als ihr mächtiger und gütiger Erschaffer hat das selbstverständliche Recht, zu schalten und zu walten, wie er will. Er hat den Menschen gemacht, daher soll der Mensch, dessen Leben von Gott kommt, dankbar sein. Klein, schwach und unbedeutend soll der Mensch sich unterwerfen und Gottes Gebote befolgen, soll seine Sünden, die zahlreich sich Tag für Tag wiederholen, bereuen und Gutes tun. Vor allem soll er glauben und den Islam annehmen. So darf er hoffen, nach seinem unabwendbaren Tod ins Paradies zu gelangen, wenn Allahs Gnade dies ermöglicht.

Die Barmherzigkeit Allahs hat eine weitere Kehrseite: So gütig und gnädig er sich gegenüber dem um Vergebung Bittenden zeigt, so unbarmherzig, hart und grausam sind seine Strafen, im Diesseits wie im Jenseits, gegenüber den Frevlern, die nicht bereuen und sich niederwerfen.

Besonderen Wert legt der Islam auf die Institution der Familie. Sie ist Dreh- und Angelpunkt der muslimischen Gesellschaft und das Ziel aller menschlichen Handlungen. Allein im Ehebund darf sich der Mensch sexuell betätigen, und der Zweck der Verbindung von Mann und Frau (andere Verbindungen sind verboten) ist die Zeugung von Nachkommen. Sind die Kinder geboren, dient die ganze Erziehung der Jungen und Mädchen allein dem Ziel, sie zu Ehemännern und Ehefrauen heranzubilden. Keusch und rein sollen die jungen Leute sein, Unzucht wird streng bestraft. Die Überwachung und Gängelung der jugendlichen Sexualität ist Gegenstand ausführlicher Gebote und Verhaltensnormen.

Während im »modernen Westen [...] Ehebruch und andere Taten, die die Grundfesten der Familie erheblich erschüttern, nicht als Verbrechen eingestuft [werden, ermahnt der Islam] alle Mitglieder der Familie, einander gut zu behandeln und derart freizügige Taten zu vermeiden, die an sich schlecht sind und jeder Ehe Schaden zufügen.«[43] Im Koran steht: »Und kommt der Unzucht nicht nahe; seht, das ist eine Schändlichkeit und ein übler Weg« (Sure 17:32).

Dass solche Mahnungen »nicht einfach nur leere Worte« sind, wird an folgenden Anweisungen des Koran deutlich: »Peitscht die Unzüchtige und den Unzüchtigen gegebenenfalls jeweils mit hundert Peitschenhieben aus; und lasset euch angesichts dieser Vorschrift Gottes nicht von Mitleid mit den beiden ergreifen, wenn ihr an Gott und an den Jüngsten Tag glaubt. Und eine Anzahl von Gläubigen soll ihrer Pein beiwohnen« (Sure 24:2)[44]

Mitleid wäre hier fehl am Platze, so verkünden es die Islam-Gelehrten,»denn am Ende wird dieses Mitleid [...] zu schlimmen Ergebnissen führen.« Außerdem hat der Prophet laut einer Textpassage bei al-Bukhary und Muslim »für den Ehebrecher die Steinigung bis zum Tode angeordnet«. Selbst diejenigen, die »fälschlicherweise anständige Frauen beschuldigen, [...] eine so schlimme Tat begangen zu haben«, sollen hart bestraft werden: »Und denjenigen, die ehrbaren Frauen (Unkeuschheit) vorwerfen, jedoch nicht vier Zeugen (dafür) beibringen, verabreicht achtzig Peitschenhiebe« (Koran 24,4).[45]

Liebe, Zärtlichkeit und lustvolle Erfüllung im ehelichen Sexleben sind nachrangig, ja eher mit Vorsicht zu betrachten. Liebesheiraten sind in traditionell lebenden türkisch-muslimischen Familien die Ausnahme, stattdessen ist die arrangierte Ehe aus meist wirtschaftlichen Motiven die Regel.[46] Oft sind die Brautleute noch sehr jung, und gewöhnlich zieht die junge Braut aus ihrem Elternhaus, das sie zu Unterwürfigkeit und Gehorsam erzogen hat, zu der Familie des Bräutigams, in der sie die unterste Stufe der Familienhierarchie einnimmt und allen anderen zu dienen hat.[47]

Aber auch der Bräutigam steht unter enormem Druck. Er soll die Familienehre auch dadurch bewahren, dass er in der Hochzeitsnacht mit seiner Gemahlin ein blutendes Bettlaken präsentieren kann, um der kontrollierenden Großfamilie zu beweisen, dass er seinen Mann gestanden und eine ehrbare, jungfräuliche Braut bekommen hat. Klappt es mit dem Stehvermögen nicht, ist das eine große Schande und hat mitunter erhebliche Konsequenzen.[48]

Das totalitäre, patriarchale Gottesbild kann die Würde des Menschen erheblich untergraben. So gilt zum Beispiel der »Geschlechtsakt unter frommen Muslimen und in der islamischen Lehre als unrein«, weswegen der Gläubige beim »Koitus ein Gebet sprechen und sich danach einer Waschung unterziehen [soll].« Und weiter:

> »Ein solches Gebet kann lauten: ›Mein Gott, wende von mir den Teufel ab und wende den Teufel ab von dem, was er uns beschert.‹ Der Prophet selbst soll zum Höhepunkt immer laut ›Allahu akbar‹ [...] gerufen haben und die Frau aufgefordert haben: ›Sei ganz still.‹ Für die Hochzeitsnacht empfehlen die Rechtsgelehrten das Gebet: ›O Gott, ich bitte dich um das Gute in ihr und um ihre guten Neigungen [...] und ich nehme Zuflucht zu dir vor dem Bösen in ihr und den bösen Neigungen, die du erschaffen hast‹. Der ›[als unrein erachtete] Geschlechtsakt [...] wird von Riten und Beschwörungen begleitet, die eine gefühlsmäßige Distanz schaffen und die geschlechtliche Befriedigung auf seine elementarsten Funktionen reduzieren: Orgasmus und Fortpflanzung‹«.[49]

Das richtige Verhalten gegenüber den Eltern ist ein weiterer Schwerpunkt islamischer Vorschriften. Kinder sollen ihre Eltern ehren und gut mit ihnen umgehen. Dankbarkeit ist eine geforderte Tugend, Dankbarkeit vor allem gegenüber Allah, dann aber auch gegenüber den Eltern. Das gute Benehmen ihnen gegenüber wird im Koran eng mit dem Befehl verknüpft, einzig Allah anzubeten.[50] Diese Verknüpfung ist kein Zufall, wie im weiteren Verlauf dieser Schrift noch zu sehen sein wird.

Eltern haben in der Erziehung der Kinder die Pflicht, sie in der bestmöglichen Weise aufzuziehen und sie »vor dem Höllenfeuer zu schützen«. Kinder haben unter anderem das Recht, »die Grundlagen der Religion zu lernen«.[51] Islamische Erziehung bedeutet »Zucht der Seele, Läuterung des Geistes, Bildung des Verstandes und Stählung des Körpers«. Sie beginnt im Mutterleib und wird durch Belehrung und das Vorbild der Eltern fortgeführt. Das Kind soll von Anfang an wissen, dass es als Muslim Teil der *Umma* ist, die sich durch Beten,

Fasten und das strenge Befolgen der Gebote Allahs und seines Propheten vom übrigen Teil der Menschheit abhebt.⁵²

Neben der rituellen körperlichen Waschung vor dem Gebet soll sich der Gläubige auch innerlich waschen, das heißt, er soll durch gottgefälliges Betragen, durch Ordnung und Gehorsam seinen Geist für Allah reinigen. »Das religiöse Gesetz verpflichtet die Kinder zu Gehorsam gegen die Eltern, die Frau gegen den Gatten, den Untertan gegen das Oberhaupt, [den] Schüler gegen den Lehrer und überhaupt [den] Untergebenen gegen den Oberen. Die Gesamtheit der Muslime gehorcht [...] dem Propheten Muhammad [...]«. So schreibt es der Koran vor, und er bekräftigt die Ernsthaftigkeit dieser Forderung mit einer Drohung: »Und was euch der Gesandte gibt, das nehmt an; und was er euch untersagt, dessen enthaltet euch. Und fürchtet Allah; wahrlich, Allah ist streng im Strafen« (Sure 59,7).⁵³

Wenn nun Eltern ihren Kindern die Gesetze und Bestimmungen Allahs und seines Propheten nahebringen, handeln sie letztlich im Auftrag des Höchsten, ebenso wie Lehrer, Erzieher und Berater befugt sind, dem Volk die Gebote Gottes zu verkünden und sie ihm abzuverlangen. Aus Sicht des Islam kann keine Erziehung ohne Gehorsam gedeihen, ebenso wie keine Gemeinschaft ohne Sich-Fügen bestehen kann. Zwar ist freudiger, williger Gehorsam das Beste, aber da, wo er fehlt, darf er auch erzwungen werden.⁵⁴

Was das Kind lernen und der spätere Erwachsene als Teil seiner muslimischen Persönlichkeit leben soll, ist Gehorsam, Ordnung und Disziplin. Letztere ermöglicht ihm, das Fasten vom Morgen bis zum Abend durchzuhalten und sich beim Gebet in Reih und Glied hinter dem Imam mit vielen Glaubensbrüdern zu versammeln. So werden Ausdauer, Selbstbeherrschung und Geduld eingeübt. Lesen, Schreiben und Sprache lernt das Kind idealerweise in der Koranschule.⁵⁵

In der Tat, ein eigener Kosmos, eine Welt der Gläubigen, abgeschirmt in Ideologie, innerer Verfasstheit und geistiger Prägung ihrer Angehörigen. Die Furcht, dass muslimische Kinder ihrer Herkunftskultur entfremdet werden könnten, weil sie in einer nichtmuslimischen Gesellschaft aufwachsen und den Alltag verbringen (Schule, Ausbildung, Studium, Beruf), scheint groß zu sein. Daher muss die Erziehung der muslimischen Kinder ganz auf den Islam abgestimmt sein und seine religiösen und geistigen Aspekte berücksichtigen.[56]

So wird bereits in der Kindheit die Lebensgestaltung vollständig von der geistig-religiösen Umwelt des Islam bestimmt und dauerhaft vorgeprägt. Die Glaubensideologie beherrscht den Gläubigen von Beginn seines Lebens an. Alle Gedanken, Absichten und Handlungen unterliegen der totalen religiösen Bestimmung durch Allah, den Koran, die Hadithen (überlieferte Aussprüche und Handlungen des Propheten Mohammed) und die Predigten des Imams in der Moschee. Dem absoluten Glaubensdiktat entkommt in dieser streng religiösen Welt kein Gläubiger. Kinder sind dem totalitären Gesetz ihres Gottes und der Eltern, die sie an Gottes statt zu Gehorsam, Unterwerfung, Selbstbeherrschung und Disziplin erziehen, ausgeliefert. Was die Eltern von ihnen verlangen, ist dem göttlichen Willen gleichgesetzt. Der Zwang zu Gehorsam und Unterwerfung unter das elterliche Gesetz entspricht Gottes Willen, den die Eltern, die ihrerseits dem göttlichen Gebot nicht entkommen, ihren Kindern vermitteln.

So beschreibt es der islamische Gelehrte[57], und offenbar wird es auf diese Weise seit Jahrhunderten in ungezählten Familien praktiziert. Beispielhaft für den Erfolg der strengen Gehorsamserziehung auch noch nach Jahren ist der Respekt erwachsener Söhne gegenüber ihren Vätern. Dazu folgende Aussage eines in Deutschland wiederholt straffällig gewordenen muslimischen jungen Mannes: »Wenn mein Vater zu Besuch [ins Gefängnis] käme, würde ich sofort aufstehen und seine Hände küssen. Wenn er nach Hause kam, standen wir Kinder immer auf, küssten ihm die Hände und verließen den Raum, damit er seine Ruhe hatte. Wir achten ihn, wir *dienen* ihm, denn er ist unser Vater. Mein Vater kann stolz sein auf mich, ich war nie frech oder unhöflich oder respektlos zu ihm. Ich war immer ein guter Sohn und er ein guter Vater zu mir, er hat mir alle diese Formen und Regeln beigebracht.«[58]

Schwarze Pädagogik

Christentum

Nimmt man die im Folgenden zitierten Passagen des Alten und Neuen Testaments wörtlich, kann man daraus durchaus Handlungsanweisungen für das tägliche Leben gläubiger Menschen ableiten. Heutige Theologen deuten jedoch die entsprechenden Stellen um und passen sie den modernen, freiheitlichen Bedürfnissen einer aufgeklärten, demokratisch orientierten Gesellschaft an. Solche Entschärfung geschieht nicht zuletzt auch deshalb, weil der kirchliche Klerus in Europa durch das reinigende Bad der Aufklärung gegangen ist, und sich die Menschen – mit fortschreitendem Wissen ausgestattet – nicht mehr bevormunden lassen. Dennoch gibt es in der christlichen Welt nach wie vor Gemeinschaften, in denen die Bibel wörtlich ausgelegt und angewandt wird. Meist handelt es sich um fundamentalistische Freikirchen oder Sekten, die streng nach göttlichen Geboten leben, so, wie sie sie verstehen. Ob dies das wahre Christentum ist, oder ob die etablierten Kirchen richtig liegen, dieser Streit soll hier nicht ausgefochten werden. Dieses Buch erörtert unter anderem die Ursprünge der Schwarzen Pädagogik; und dabei kommt man an den vorhandenen Bibelpassagen nicht vorbei, die früher flächendeckend und heute in Sondergemeinschaften täglich angewendet wurden und werden. Aus dieser – aus heutiger Sicht fundamentalistischen – Perspektive ergeben sich die folgenden Betrachtungen.

Ziel der Erziehung des Kindes ist die Überwindung seiner sündigen Natur. Selbst das Neugeborene ist schon in Sünde, daher muss alle Anstrengung darauf gerichtet sein, diese Natur durch Gehorsam vor allem gegenüber Gott zu ersetzen. Dazu dient nicht zuletzt die Festlegung des kindlichen Aufenthalts zur Schlafenszeit. Die Eltern erkennen in dem durch Schreien eingeforderten Bedürfnis nach Nähe den teuflischen Charakter des Babys, und geben ihm nicht immer sogleich nach. So erziehen sie bereits den Säugling im gottgemäßen Sinn.

Im Kleinkindalter setzen sie die Erziehung zur Gottesfurcht fort. So verpasste ein Vater seinem kleinen Sohn, weil er ungehorsam war, eine kräftige Backpfeife, immerhin so stark, dass sich die Finger des Vaters rot auf der Wange des Sohnes abzeichneten. Das Köpfchen flog dabei von links nach rechts, und der Kleine (er mochte ungefähr drei Jahre alt gewesen sein) weinte herzzerreißend. »Man muss die Kinder Gehorsam und Respekt lehren, und manchmal geht es nicht ohne ›Nachdruck‹.« Jemand sagte: »Aber muss es denn gleich so fest sein?« – »Das war doch nicht fest. Er wird es sich so aber merken, nicht wahr, [Sohn]? Du weißt doch, dass der Papa dich liebt, und manchmal muss er eben deutlich werden, wenn du nicht hören willst. Willst du denn wieder brav sein?« – »Ja«, heulte der Kleine, und dabei suchte er die Nähe des Vaters, der ihn in den Arm nahm. Der Kleine schluchzte und seufzte noch eine Weile immer wieder heftig auf. Sein rot verheultes Gesicht war an der geschlagenen Wange angeschwollen.[59]

Man könnte meinen, es hier mit besonders drastischen Auswüchsen einer gewaltvollen Erziehung zu tun zu haben. Mitnichten. So oder ähnlich ging man seinerzeit mit Kindern um. Und sah man nicht an der Umarmung des Vaters, dass er seinen Sohn wirklich liebte? Immerhin traktierte er das Kind nicht mit derselben Brutalität, die er selbst noch erleiden musste. Seine Eltern, die Angehörigen der Kriegsgeneration, hatten seinerzeit härter und liebloser zugeschlagen. Dessen war sich dieser Vater, der, wie seine Altersgenossen, Kind der Kriegskinder war, bewusst. Solch eine hemmungslos gewalttätige Erziehung ohne Liebe war falsch, so hatten es die Kriegsenkel klar erkannt. Das wollten sie nicht einfach wiederholen, sie wollten vielmehr ihre Kinder spüren lassen, wie sehr sie sie liebten. Aus den für sie schmerzlichen Fehlern ihrer Eltern hatten sie schließlich gelernt.

Und haben doch gerade jene Fehler, wenngleich in abgemilderter Form, wiederholt. Denn die innere Haltung gegenüber dem Kind, das man formen, erziehen und zu einem wertvollen Menschen heranziehen müsse, hatte sich nicht geändert. Wie denn auch? Dass man Kinder zu Respekt und Gehorsam erziehen müsse und dass dazu auch hin und wieder deutliche Mittel nötig seien, auch wenn man sie nicht gern anwandte, diese Überzeugung hatte man als Wert, den es zu erhalten gilt, kritiklos beibehalten. Dazu leistete auch die christlich fundierte Tradition einen Beitrag. Immerhin sollen ihr zufolge die Eltern ihre Kinder in der Furcht Gottes erziehen und dabei, so nötig, auch die Rute nicht schonen. Die Kinder wiederum sollen ihren Eltern gehorchen, »denn das gefällt Gott«.[60] Hinzu kommt die Grundüberzeugung, der Mensch sei von Geburt an fehlerhaft und sündig, ein elendes Wesen, das der Gnade und Vergebung des Herrn bedürfe. »Torheit« sei »an das Knabenherz gekettet« und »die Rute« werde »sie daraus entfernen«, so kann man in den Sprüchen Salomons[61] lesen.

Und so schlugen sie alle zu: Eltern, Lehrer, Pfarrer, Kinder- und Kirchenchorleiter. Wurde das Schlagen zwar ab den 1970er Jahren mehr und mehr aus dem öffentlichen Raum verbannt und mussten Lehrer, Pfarrer und Chorleiter nach und nach mit der öffentlichen Ächtung rechnen, wenn ihre Gewalt bekannt wurde, so blieb das, was Eltern ihren Kindern zu Hause antun konnten, dem öffentlichen Zugriff versperrt. Im privaten Umfeld und in der persönlichen Religionsausübung herrschte nach wie vor Narrenfreiheit. Jede Gemeinde, jeder Pfarrer, der es nicht besser wusste, und auch jede religiöse Sondergruppierung, unter denen noch mehr als in den großen Kirchen ein strikt konservatives Weltbild vorherrscht, verkündete frank und frei die Botschaft des gnädigen Erlösers, der für die Sünden der Menschheit gestorben sei – und damit auch für diejenigen der Kinder, in deren Herz sich bereits der Keim der Sünde befinde, den es herauszufinden und abzutöten gelte.[62]

Bis in die 1980er Jahre hinein riet man zum Beispiel den Gläubigen der Zeugen Jehovas in sämtlichen Büchern, Traktaten, Zeitschriften und Kongressvorträgen, ihre Kinder »in der Zucht und in der ernsten Ermahnung Jehovas [Gottes] zu erziehen«. Und ausdrücklich gehörten dazu auch körperliche Strafen, wenn das Kind auf anderen Wegen nicht zum Gehorsam gegenüber Jehova und den Eltern zu bewegen sei. »Wenn du ihn mit der Rute schlägst, wird er daran nicht sterben, aber du hast seine Seele aus der Hölle befreit«, so können wir es in den Sprüchen Salomons nachlesen.[63] Wenn es die Bibel empfiehlt, muss es gut und richtig sein, so die Logik dieser bibeltreuen Christen.

Dass solche Gruppierungen mit dieser Weltsicht nicht allein dastehen, zeigt ein Blick in die vorvergangenen zwei Jahrhunderte, in denen all diese religiös verbrämten Ansichten gang und gäbe waren. So kursierten im 18. und während des 19. Jahrhunderts die kruden Ideen des Bösen im Kinde in zahlreichen Ratgebern, Büchern, Zeitschriften und Magazinen. Den Pädagogen, Lehrern und schreibenden Erziehern bereiteten die »›Halsstarrigkeit‹, der Eigensinn, der Trotz und die Heftigkeit der kindlichen Gefühle« die größte Sorge. Immer wieder wiesen sie darauf hin, »daß mit der Erziehung zum Gehorsam nicht früh genug angefangen werden kann«.[64] Nach Johann Georg Sulzer äußert sich der »Eigensinn [...] gleich in der ersten Kindheit, sobald die Kinder ihr Verlangen« zeigen können. »Sie sehen etwas, das sie gern haben möchten; sie können es nicht bekommen, sie erbosen sich darüber, schreien und schlagen um sich. Oder man gibt ihnen etwas, das ihnen nicht ansteht; sie schmeißen es weg und fangen an zu schreien. Dies sind gefährliche Unarten, welche die Erziehung hindern und nichts Gutes bei den Kindern aufkommen lassen.«[65]

Denn wenn sie erst einmal gemerkt haben, dass sie damit durchkommen, werden sie es immer wieder genauso machen und dadurch »zu Meistern ihrer Eltern [...] und bekommen ein böses, eigensinniges und unleidliches Gemüt«, mit dem sie sie zeitlebens »plagen und quälen«. Gelingt es jedoch den Eltern, »durch ernstliches Schelten und durch die Rute den Eigensinn [zu] vertreiben, so bekommen sie gehorsame, biegsame und gute Kinder«, die sie danach gut erziehen können. Ziel all der erzieherischen Anstrengungen ist es, »daß der Eigensinn weg ist, denn dieser darf absolut nicht da sein.« Man soll sich da nichts vormachen, es wird kaum »etwas Gutes in der Erziehung« erreicht werden können, »ehe diese zwei Hauptfehler [Bosheit und Eigensinn] behoben sind«.[66]

Wehret den Anfängen!, so lautet sinngemäß der Rat Sulzers. Sprechen wir es klar und unmissverständlich aus: Dieser Pädagoge, Philosoph, Theologe und Lehrer des 18. Jahrhunderts empfiehlt Eltern, bereits den Säugling durch Schläge zu erziehen, damit ihm der Eigensinn ausgetrieben werde. Was wir heute als Äußerungen des bedürftigen Kindes verstehen, das nach Nahrung, Wärme, Geborgenheit, Körperkontakt ruft, weil es sie schmerzlich entbehren muss, definierten die Erzieher jener dunklen Zeiten der Schwarzen Pädagogik als »Bosheiten« und »Eigensinn«, die »weg« gehörten. Das Ziel dieser gewaltsamen Methoden war die Heranzüchtung »rechtschaffener, tugendhafter« Menschen,[67] die dereinst aus den gehorsam, biegsam und damit erst gut gemachten Kindern hervorgehen sollten.

Wie soll nun die Kunst der Erziehung vonstattengehen, worauf sollen die Eltern zuerst achten? Ordnung ist das halbe Leben, so lautet ein bekanntes Sprichwort. Unser Pädagoge aus ferner Vergangenheit beschreibt die Erziehung zur Ordnung als »das erste Stück, das wir zur Tugend fordern«. Dies soll »in den ersten drei Jahren, [...] auf eine ganz mechanische Art geschehen.« Alles muss einer festen Ordnung folgen, »das Essen und Trinken, die Kleidung, das Schlafen, und überhaupt die ganze kleine Haushaltung«, nichts darf zugunsten des Eigensinns oder der »Wunderlichkeit« der Kinder im Geringsten abgeändert werden. Die festgefügte Ordnung der Eltern soll so in Fleisch und Blut übergehen, dass sie gar nicht mehr wissen, dass sie ihnen »durch die Kunst beigebracht« wurde.[68]

Man spürt, wie wenig Platz in diesem starren System für Kreativität, Natürlichkeit, Spontaneität oder Individualität bleibt. Solche verstörenden Eigenschaften nennt unser Erzieher »Wunderlichkeiten«, die die festgefügte Ordnung auf das höchste gefährden. Die Kinder sollen nicht ihre verborgenen Potenziale nach und nach entfalten können, sie sind das berühmte unbeschriebene Blatt, das erst durch die schreibende Hand des Erwachsenen angefüllt wird. Die Bibel gebraucht für diesen Vorgang, den Gott den Kindern Israels angedeihen lassen will, das Bild vom Ton, der dem Töpfer nicht sagen könne, was er daraus formen solle. So formbar und flexibel, wie der Ton in der Hand des Töpfers schließlich die von diesem gewünschte Gestalt annimmt, so solle auch das Volk Israel sich von seinem ›Töpfer‹ willig und gehorsam formen lassen, ohne Widerspenstigkeit und ohne Murren und Klagen.[69]

Dieses Bild und seine Botschaft entsprachen ganz den Bedürfnissen der Patriarchen früherer Zeiten. Und in manchen Gegenden der modernen Welt existieren die überkommenen Machtverhältnisse nach wie vor (z. B. Russland und teilweise in Griechenland oder in den stark fundamentalistischen Gegenden des Bible-Belt der USA). Familienväter und Männer in geistlichen Ämtern bestimmen, was die Gläubigen und ihre Kinder zu tun und zu lassen haben, oder auch, was, wo, wie und wann sie zu speisen haben und sogar, wie ihr Intimleben sein darf. Sie wünschen, dass sich ihre Kinder und Glaubensgenossen nach ihren Vorstellungen benehmen und dass die überkommenen patriarchalen Familienstrukturen erhalten bleiben. In erster Linie brauchen sie dazu Kinder, die sich der überlieferten Ordnung ohne Widerworte fügen und die sich von den Erwachsenen willig formen und erziehen lassen, so wie es ihnen frommt und sie nicht beunruhigt. So ist es in einigen Ländern noch immer, so war es in unseren Breiten vor nicht allzu langer Zeit, und so beschreibt es unser Pädagoge aus dem 18. Jahrhundert.

Der Erwachsene soll den Wunderlichkeiten und dem Eigensinn des Kindes niemals nachgeben, denn sonst könnte es glauben, die alte Ordnung sei weniger wichtig als die Entfaltung der eigenen Persönlichkeit. Dieser Eindruck muss unter allen Umständen unterbunden werden, ist sonst doch das moralische Leben in höchster Gefahr. Man soll den Kindern beibringen, dass die Ordnung »etwas Heiliges und Unverletzliches« sei. Wünsche »wider die Ordnung« können »unmöglich« erfüllt werden, denn »diese darf niemals überschritten werden«.[70]

Wie man unschwer erkennen kann, spricht aus diesen Worten das damals noch zementierte Machtgefüge aus Kirche und Staat, oder richtiger: Kirche und Fürst oder König, also absolutistischem Herrscher. Dieser, so hatten es die kirchlichen Würdenträger verfügt und so predigten sie es von den Kanzeln, sei Herrscher von Gottes Gnaden, damit Teil der unverrückbaren göttlichen Ordnung, die nicht infrage zu stellen war. Alle Untertanen hatten die Pflicht, sich dieser göttlichen Ordnung zu fügen und an dem Platz ihr Dasein zu fristen, an den sie diese heilige Ordnung gestellt hatte. Verständlich, dass Menschen in Machtpositionen dort gern verbleiben und ihre Privilegien, die sie dabei genießen, nicht hergeben möchten. So dienen all diese Herleitungen aus heiligen Büchern und das strenge, starre Festhalten an der göttlichen Ordnung einzig dem Fortbestand dieser Vorrechte. Wer immer an dieser Ordnung zu rütteln wagt, macht sich des schlimmsten Frevels schuldig und wird unbarmherzig verfolgt.

Diesen Geist der Verfolgung des Lebendigen atmet die Schwarze Pädagogik, wenn sie den Eltern, die gegenüber ihren Kindern ganz unzweifelhaft in einer Position der absoluten Macht stehen, jene Bedienungsanleitungen zur Erziehung an die Hand gibt.

Nach der Ordnung, die nicht aufgegeben werden darf, steht für diese mächtigen Erzieher und Haustyrannen der Gehorsam an zweiter Stelle jener Tugenden, die sie ihren Kindern, auch gegen deren Willen, einzupflanzen haben, und zwar so, dass sie nicht merken, dass es gegen ihren eigentlichen Willen geht. Beginnen soll man mit der Manipulation »gleich anfangs im zweiten und dritten Jahr«, so weiß es unser Pädagoge Sulzer. Interessant ist die Nennung zweier Profiteure des in der Kindheit dauerhaft eingepflanzten Gehorsams, nämlich »Eltern und Vorgesetzte«. Zudem verhilft die Erziehung auch zum Gehorsam gegenüber dem Gesetz, denn »ein Kind, das gewohnt ist, seinen Eltern zu gehorchen«, wird »sich [auch] den Gesetzen und Regeln der Vernunft gern unterwerfen«. Es hat sich inzwischen daran gewöhnt, »nicht nach seinem Willen zu handeln«. Alle Erziehung dient letztlich der »Erlernung des Gehorsams«. Auch wenn es nicht einfach ist, diesen Gehorsam gegen den Willen des Kindes abzuverlangen und einzuüben, soll man »die Sache [...] in den ersten zwei Jahren [...] richtig« machen, denn danach wird es schwerer. »Diese ersten Jahre haben unter anderem auch den Vorteil, daß man da Gewalt und Zwang brauchen kann.« Denn: »Die Kinder vergessen mit den Jahren alles, was ihnen in der ersten Kindheit begegnet ist.« Hat man ihnen erst ihren Willen gebrochen, »erinnern sie sich hernach niemals mehr, daß sie einen Willen gehabt haben«. Deswegen haben die drastischen Maßnahmen, die man hat ergreifen müssen, auch keine gravierenden Folgen.[71]

Fachleute wissen, dass der erste Teil der Behauptung Sulzers – das Vergessen – psychologisch korrekt ist. Der zweite Teil jedoch, nämlich dass »die Schärfe, die man wird brauchen müssen, [...] auch eben deswegen keine schlimmen Folgen« habe, stimmt leider nicht. Im Gegenteil: Juristen, Politiker, Ärzte, Gefängniswärter und Psychiater haben gerade mit den schlimmen Folgen der Schwarzen Pädagogik zu tun, »meistens ohne es zu wissen«. Oft braucht es Jahre, um die Ursachen des Fehlverhaltens von Straftätern herauszuarbeiten.[72] Dies gelingt jedoch nur in mühsamer auch psychoanalytischer Arbeit, und die Voraussetzung dafür ist die Bereitschaft des Delinquenten, sich dem schmerzhaften Prozess zu stellen, den die Reise in die frühe Kindheit mit sich bringt. Es ist alles andere als einfach, sich den verdrängten Traumen der eigenen Kindheit zu öffnen, auch deshalb, weil in ihnen das Fehlverhalten der Eltern zutage gefördert wird. Dies aber ist in den meisten Gesellschaften ein Tabu, denn das Gebot »Du sollst Vater und Mutter ehren« steht wie eine schier uneinnehmbare Trutzburg zu ihrer ewigen Verteidigung da.

Aber wie steht es mit Menschen, die eine tatsächlich schwere Kindheit hatten und offenbar nahezu unbelastet daraus hervorgegangen sind, während andere aus behüteten Verhältnissen regelrecht krank gemacht worden zu sein scheinen? Haben wir es bei der Frage, wie stark ein Mensch durch traumatische Ereignisse für sein Leben gezeichnet ist, nicht vielmehr mit grundlegenden Fragen der genetischen Ausstattung des Menschen zu tun? Nun, »Neurosen und Psychosen sind [...] nicht direkte Folgen realer Frustrationen, sondern [...] Ausdruck der Verdrängung von Traumen. Wenn es vor allem darum geht, Kinder so zu erziehen, daß sie nicht merken«, was man ihnen angetan hat, wenn sie also nichts (mehr) davon wissen, »was man ihnen [genommen hat], was sie dabei [verloren haben], wer sie sonst gewesen wären und wer sie überhaupt sind, und wenn diese Erziehung früh genug einsetzt, wird der Erwachsene später den Willen [der erziehenden Eltern], ungeachtet seiner Intelligenz, als den eigenen erleben.« Ein Mensch, der als Kind hat lernen müssen, zu vergessen, weiß nicht, »daß sein eigener Wille gebrochen wurde, da er ihn nie erfahren durfte«! Gerade deshalb aber »wird er daran erkranken können«. Wenn das Kind aber Eltern hatte, die es mit Respekt behandelt haben und ihm halfen, gemeinsam erlebte Traumen (»Flucht, Bombenangriffe« etc.) wirksam zu verarbeiten, »dann wird es nicht aufgrund dieser realen Traumen krank werden. Es hat sogar die Chance, Erinnerungen an diese Erlebnisse zu behalten (weil zugewandte Bezugspersonen es begleitet haben) und damit seine Innenwelt zu bereichern.«[73]

In der Chance, erlebte Traumen angemessen verarbeiten zu dürfen, liegt der Unterschied, ob ein Mensch Neurosen und Psychosen entwickelt oder nicht. Man kann also aus dem Verhalten eines Menschen nicht notwendigerweise ableiten, ob seine Kindheit behütet war oder nicht. Aber man kann sehr wohl am Verhalten erkennen, ob ein Mensch die Chance hatte, die Traumen seiner Kindheit als solche wahrzunehmen und zu verarbeiten, oder ob ihm dies versperrt wurde. Ein solch gehemmter Mensch wird möglicherweise sein ganzes Leben lang nicht wissen, was ihm angetan wurde, geschweige denn mit diesem Wissen auf eine für sich selbst heilsame Weise umgehen können. Neurosen oder Psychosen sind die wahrscheinliche Folge eines derart verbogenen Lebens. Wer in der Kindheit nach den Methoden der Schwarzen Pädagogik verformt wurde, weiß nicht, dass er verformt wurde, und auch nicht, woher diese Verformung kommt. Wenn man aber durch strenge, vielleicht sogar bibeltreue Gehorsamserziehung zu einem unselbstständigen Menschen gemacht worden ist und wenn man dies nicht weiß, weil die Manipulation im Kindesalter perfekt war, dann wird man bei passender Gelegenheit immer wieder in die anerzogenen Verhaltensmuster zurückfallen, die unbewusst geblieben sind.

Hier kommen die Religionen in ihren streng ausgelegten Versionen, den Sekten, ins Spiel. Viele ihrer Anhänger sind ihrerseits auf die eine oder andere Weise sehr früh dauerhaft und wirksam verformt worden. Trifft hier ein zum Kadavergehorsam erzogener Funktionsträger auf einen gleichermaßen abgerichteten Laien, kann auf beiden Seiten wie in einem perfekt austarierten Uhrwerk der früh eingepflanzte Mechanismus aus Befehl und Gehorsam wirksam werden. Der Funktionsträger braucht lediglich in der Art des Erziehers gegenüber dem Laien aufzutreten und dieser wird sofort gehorchen. Er wird sogar, wenn seine Erziehung perfekt war, das heißt, wenn er nicht merken durfte, was mit ihm geschah, und wenn er es infolgedessen auch nicht mehr weiß, meinen, es selbst gerade so zu wollen. Diesen unbewussten Mechanismus bezeichnen manche Aussteiger später als vorsätzliche Manipulation, die sie der Glaubensgemeinschaft vorwerfen. In Wirklichkeit aber kamen lediglich zwei gleichartige Persönlichkeiten in unterschiedlichen Funktionen zusammen und die Interaktion verlief als perfekte Kopie der jeweils anerzogenen Verhaltensmuster wie in einem Uhrwerk, in dem jedes Zahnrad vollkommen in das andere greift, ab.

Ein weiterer Vertreter der Schwarzen Pädagogik im 18. Jahrhundert ist Johann Gottlob Krüger, Magister der Philosophie und Doktor der Medizin.[74] Er predigt noch direkter, unverhohlener und unverblümter Gewalt an Kindern als probates Mittel der Erziehung. Seiner Ansicht nach soll man »Kinder niemals schlagen wegen Fehlern, die sie aus Schwachheit begehen. Das einzige Laster, welches Schläge verdient, ist die Halsstarrigkeit.« Kinder zu schlagen, weil sie schlecht oder nicht lernen (können?) oder wenn sie stürzen oder aus Versehen Schaden verursachen, »ist unrecht«. Auch soll man das Kind nicht schlagen, wenn es aus Schmerz weint, »aber es ist recht und billig, sie wegen aller dieser Verbrechen [...] zu schlagen, wenn sie es aus Bosheit getan haben. Wenn euer Sohn nichts lernen will, weil ihr es haben wollt, wenn er in der Absicht weint, um euch zu trotzen, wenn er Schaden tut, um euch zu kränken, kurz, wenn er seinen Kopf aufsetzt«, dann sollen die Eltern schlagen, auch wenn das Kind noch so sehr um Gnade fleht.[75]

Krüger bezeichnet den kindlichen Ungehorsam als »Kriegserklärung gegen eure Person. Euer Sohn will euch die Herrschaft rauben, und ihr seid befugt, Gewalt mit Gewalt zu vertreiben, um euer Ansehen zu befestigen«. Das Schlagen des Kindes soll aber »kein bloßes Spielwerk« sein, sondern dem Kind verdeutlichen, »daß ihr sein Herr seid«.[76]

Bleiben die Eltern dabei nicht konsequent hart, warnt Krüger, wird das böse Herz des Kindes über diese Schwäche triumphieren und es wird die nächste Strafandrohung nicht mehr ernst nehmen. Hat das Kind aber gemerkt, dass es gegen die Macht der Eltern nicht ankommt, und ist es beim ersten Mal »gedemütigt« worden, »so wird ihm«, wie der Pädagoge seinen Lesern kühn verspricht, »schon der Mut genommen sein, aufs neue zu rebellieren«. Zwar sollen die Eltern achtgeben, nicht aus blankem Zorn zuzuschlagen[77], denn dies würde das Kind leicht durchschauen. Stattdessen ist beim Prügeln darauf zu achten, dass der Zweck der Strafe erkennbar bleibt, sprich die »Ausübung der Gerechtigkeit«. Eltern, die sich beim Prügeln nicht beherrschen können, sollen einen anderen bitten, das Erforderliche für sie zu übernehmen. Dabei ist jedoch unbedingt darauf zu achten, dass mit dem Prügeln nicht eher aufgehört wird, bis das Kind »den Willen des Vaters erfüllt« und »um Vergebung« bittet. Vergeben und elterliche Zuneigung zeigen soll man aber erst dann, wenn es »durch völligen Gehorsam sein voriges Verbrechen gebessert und bewiesen hat«, dass es »ein treuer Untertan seiner Eltern« sein wird.[78]

»Lasst euch beim Schlagen nicht vom Zorn überwältigen« – man hört förmlich den Nachklang der Predigt des Pfarrers von der sonntäglichen Kanzel herab. Fast eins zu eins überträgt Krüger die Ermahnung aus dem Alten Testament, die da lautet: »Züchtige deinen Sohn, solange noch Hoffnung ist, doch lass dich nicht hinreißen, ihn zu töten.«[79] Wie gnädig!, möchte man ausrufen. Doch zu früh gefreut: Einer anderen Stelle im Alten Testament zufolge sollen Eltern den widerspenstigen Sohn vor den Toren der Stadt bei den älteren Männern anklagen und ihn dann steinigen lassen, damit er stirbt.[80] Verglichen damit und mit den Empfehlungen aus dem Buch Jesus Sirach[81] muten die Erziehungsratschläge des Pädagogen[82] Krüger fast schon fortschrittlich an. Er soll Deist gewesen sein, das heißt, er wich in philosophischer Hinsicht offenbar von dem damals noch durch die Kirche verkündeten Gottesbild ab. Das aber scheint ihn nicht daran gehindert zu haben, an den vom Klerus verkündeten Erziehungsidealen nicht nur festzuhalten, sondern sie durch eine eigene maßgebende Schrift fortzuführen und dadurch zu zementieren.

Krüger verurteilt den »Kopf des Kindes«. Das bedeutet nichts anderes, als dass er den Kindern kein Recht auf Selbstbestimmtheit oder Individualität zugesteht. Ein Kind, das nicht will und daher auch nicht tut, was die Eltern wollen, soll ruhig geschlagen werden, denn es ist diese Bosheit, die entschieden zu bekämpfen sei. Man soll das Kind sogar wegen »noch anderer Kleinigkeiten« schlagen, wenn sie »aus Bosheit« geschahen. Nicht zu lernen, zu fallen oder zu weinen aus Schwäche ist nicht des Schlagens würdig, aber aus Bosheit nicht zu lernen, zu fallen oder zu weinen, das gilt es unbedingt zu bestrafen, denn solche Halsstarrigkeit darf nicht sein. Dieser Philosoph scheint nicht zu bedenken, dass man Kindern sehr leicht diese ominöse Bosheit andichten kann, um einen Vorwand zu haben, sich an dem Kind abzureagieren, und ihm, dem Aufklärer, scheint nicht in den Sinn zu kommen, dass dies doch über Jahrhunderte und millionenfach geschehen ist und immer noch geschieht.

Die Motive, die er dem ungehorsamen Kind unterstellt, werfen ein entlarvend helles Licht auf die innere Verfasstheit sowohl dieses Autors als auch der dankbaren Leserschaft seiner Zeit. Wenn Krüger davon spricht, das Kind wolle mit seinem boshaften Ungehorsam den Eltern »die Herrschaft rauben« und Eltern seien »befugt, Gewalt mit Gewalt zu vertreiben, um euer Ansehen zu befestigen«,[83] dann sagt das mehr über die gebrochene Seelenlage der damaligen Generation aus als über die wahren Motive der ungehorsamen Kinder. Wer stets aufs Neue betonen muss, dass er Herr im Hause sei, scheint sich dieser Tatsache offenkundig nicht allzu sicher zu sein. Wenn schon kleine Kinder einen Erwachsenen derart zu verunsichern in der Lage sind, dass er mit aller Gewalt seine Stellung verteidigen zu müssen glaubt, wie leicht wird ein solcher Mensch dann durch wesentlich mächtigere Gegner aus der Bahn geworfen werden können?

Geschlagen werden soll das widerborstige Kind so lange, bis es den Willen des Vaters erfüllt. Es soll erst dann Vergebung erlangen, wenn es sein Verbrechen durch völligen Gehorsam bewiesen und sich gebessert hat, indem es ein treuer Untertan der Eltern geworden ist.[84] Kann man das Brechen des Willens eines Kindes zutreffender beschreiben, als es Krüger im 18. Jahrhundert getan hat? Übrigens stammt der gebrauchte Wortschatz, also »Vergebung«, »Wille des Vaters« und »völliger Gehorsam«, aus den Beschreibungen der Bibel, in denen es um das richtige Verhältnis der Gläubigen zu ihrem Gott geht; weiter oben haben wir es bereits gesehen.

Krüger fordert, die Kinder nicht aus Zorn zu schlagen, weil sonst die gerechte Sache aus dem Blick gerate und die Strafe ihre beabsichtigte Wirkung verfehle. Was aber ist die eigentliche Motivation, aus der heraus Eltern gewalttätig werden? Sie »kämpfen bei ihrem Kind um die Macht, die sie bei ihren eigenen Eltern eingebüßt haben. Das Bedrohtsein der ersten Lebensjahre, das sie nicht erinnern können, erleben sie bei den eigenen Kindern zum ersten Mal, und hier erst, beim Schwächeren, wehren sie sich oft ganz massiv.« Zwar liefern die Eltern scheinbar rationale Gründe für die körperliche Bestrafung und betonen, dass sie es doch nur gut meinten, tatsächlich aber handeln sie immer »aus inneren Gründen, d. h. aus der eigenen Not«. Die scheinbar vernünftigen Argumente für das Schlagen von Kindern widersprechen zwar »jeder psychologischen Erfahrung, [dennoch] werden sie von Generation zu Generation weitergereicht.«[85]

Die eben wiedergegebenen Gedanken Alice Millers stammen aus dem Jahr 1983. Seither, so sollte man meinen, haben sich doch die Verhältnisse gebessert und das Schlagen der Kinder ist seit dem Jahr 2000 sogar gesetzlich verboten.[86] Leider ist das nur ein Teil der Realität. Der andere, dunkle Teil heißt: Noch immer werden Kinder geschlagen, misshandelt, gedemütigt und ihrer grundlegenden Rechte beraubt, und fast ausschließlich sind es die eigenen Eltern, die sich an ihnen in Wort und Tat vergehen. Im Fernsehen des WDR war am 5. November 2015 abends eine Dokumentation zu sehen, in der es um den berühmten »Klaps auf den Po«[87] ging, der »noch keinem geschadet« habe. Auf der ARD-Website ist zu lesen, »in Deutschland« würden »jedes Jahr rund 1,6 Millionen Kinder heftig geschlagen«. Unbekannt sei dagegen die Zahl der Kinder, denen der Klaps auf den Po verabreicht werde. In der Gesamtschule Gelsenkirchen sprach eine Sozialpädagogin mit Kindern unterschiedlicher Altersgruppen über das Thema Gewalt. Wie sich herausstellte, hatten alle Kinder dort schon mal einen Klaps bekommen, und alle fanden, sie hätten diesen Klaps verdient. Sie sagten aber auch, dass es sie verletze, wenn die Eltern nicht mit ihnen sprechen, sondern sie schlagen, und dass es sie traurig mache.[88]

Aus der Dokumentation ist mir der Widerspruch in den Aussagen einer Mutter und ihrer Tochter in Erinnerung geblieben. Die Mutter verkündete stolz, sie schlage ihre Tochter nicht, das lehne sie entschieden ab. Dann gab sie etwas kleinlaut zu, dass es doch mal einen leichten Schlag auf die Finger gesetzt habe, wenn es die Tochter allzu bunt getrieben habe. Das aber komme im Jahr einmal, höchstens zweimal vor. Das hatte die Tochter aber ganz anders in Erinnerung: »Neulich erst hast du mich hier auf den Arm gehauen. Ganz schön fest.« – »Das stimmt doch gar nicht«, lächelte die Mutter gequält. »Ich hab dich nicht geschlagen, höchstens etwas auf den Arm getippt.« Die Tochter blieb dabei: »Du hast gehauen und das hat ganz schön weh getan.«

In den Kommentaren zum Internetbeitrag des WDR berichteten die Teilnehmer durchweg von den Schlägen und Misshandlungen, die sie erfahren haben. Eine von ihnen, »*Rose*«, schrieb, dass ihr Vater sie immer wieder misshandelt habe. Und ihre Mutter habe sie nicht schützen können. Sie selbst lehne heute Gewalt an Kindern ab, räumte aber ein, selbst ihren Kindern auch mal mit der Kelle etwas auf den Po gegeben zu haben. Bemerkenswert aber war ihre Aussage, sie habe später ihrem Vater verziehen, denn Hass zerfresse das Leben. Zudem war mir aufgefallen, dass sie nichts über ihr Verhältnis zur Mutter berichtet hat, die sie, wie sie ja feststellte, nicht habe schützen können. Das erwachsene Kind erweist sich so als brav und verzeiht – über solche Verhaltensweisen wird im letzten Teil dieses Buches zu sprechen sein, wenn es unter anderem darum geht, wie die eigene schmerzhafte Vergangenheit als ohnmächtiges Kind, das der elterlichen Gewalt schutzlos ausgeliefert war, am besten verarbeitet und bewältigt werden kann.

Die alten Verhaltensmuster und die sie stützenden Glaubenssätze sind, wie wir gesehen haben, auch heute immer noch weit verbreitet.

Warum fällt es so schwer, sich davon zu lösen und die Teufelsspirale tradierter elterlicher Gewalt endlich zu durchbrechen?

»Dafür muß es emotionale Gründe geben, die sehr tief in allen Menschen verankert sind. Niemand könnte wohl auf die Dauer ›Wahrheiten‹ gegen physikalische Gesetze verkünden (z. B. daß es gesund fürs Kind sei, im Winter im Badekleid und im Sommer im Pelzmantel herumzulaufen), ohne sich der Lächerlichkeit auszusetzen. Aber es ist durchaus üblich, über die Notwendigkeit des Schlagens, der Demütigung und Bevormundung zu sprechen, allerdings mit gewählteren Worten wie ›Züchtigung‹, ›Erziehung‹ und ›Lenkung zum Guten‹.«[89]

Obwohl Psychologen und Pädagogen über die Wirkung der Gewalt in der Erziehung heute sehr gut Bescheid wissen, fällt es vielen Eltern schwer, die alten Verhaltensweisen endgültig zu verurteilen und zu überwinden. Warum ist das so? Nun, weil zum einen die Machtausübung der Erwachsenen gegenüber ihren Kindern noch immer unter dem Schutz des Gesetzes steht. Zwar ist Misshandlung verboten, aber die Gefühle, die dazu führen, sind es nicht – wie sollte das auch gehen? Zum anderen dient das Schlagen oder die Demütigung der eigenen Kinder nichts anderem als der Abfuhr eigener Gefühle der Ohnmacht und des Ausgeliefertseins, die man damals als wehrloses Kind gegenüber den eigenen Eltern gehabt hat. Das einstige Erleben von Ohnmacht und verbotener Wut hat sich tief in die Psyche eingegraben, und es ist schwer, den Wiederholungsimpuls der in der frühen Kindheit verinnerlichten Automatismen zu unterdrücken. Oben haben wir gesehen, wie schwer es selbst verständnisvollen Müttern fällt, das prägende Muster des gewalttätigen Vaters nicht an den eigenen Kindern zu wiederholen.

Ein wesentliches Element elterlicher Gewalt in der Erziehung ist die Manipulation. Sie hat den Vorteil, dass Kinder sie kaum oder gar nicht durchschauen können, vor allem dann nicht, wenn die vertraute Person ihnen versichert, alles geschehe allein zu ihrem Wohl. Oft zu spät, nämlich im Erwachsenenalter, merkt das einstige Kind, welche verheerenden Wirkungen gerade die subtilen Formen der Gewalt auf das spätere Leben entfalten.[90]

Das Horrorkabinett der Schwarzen Pädagogik des 18. Jahrhunderts bietet hierfür das passende Anschauungsmaterial, so etwa in den Schriften des Theologen und Professors »der Moral und schönen Wissenschaften«[91] Peter Villaume, der Eltern beispielsweise rät, den Kindern ein schlechtes Gewissen für verborgenes Fehlverhalten einzureden. In der Verstellung, es doch gut mit ihm zu meinen, sollen sie auf intimste Dinge des Kindes zu sprechen kommen und auf diese Weise den Schutzzaun der Scham durchbrechen, sodass nichts vor ihnen verborgen bleibt.

Will man etwa herausfinden, ob ein Kind sich im Schutz der Nacht und der Privatsphäre der eigenen Bettdecke unkeusch verhält, soll man ihm »([...] immer unbemerkt) überall und vornehmlich an heimlichen Orten« nachschleichen. Dann könne man es schließlich einmal auch tatsächlich auf frischer Tat ertappen. Oder man lässt die Kinder früher zu Bett gehen, und »wenn sie nun im ersten Schlaf sind, nimmt [man] ihnen ganz sacht die Decke ab, um zu sehen, wie ihre Hände liegen oder ob man einige Merkmale wahrnehmen kann.«[92] Villaume berichtet nicht ohne Stolz, wie er seinem Sohn ein Geständnis über dessen geheime Sünde entlockt habe. Seinem kränklichen Sohn redete er ein, sein Leiden habe er selbst verschuldet, nämlich damit, was er im Verborgenen tue.[93]

Masturbation wurde zu jener Zeit als Sünde angesehen; in christlich-fundamentalistischen Gemeinschaften sowie in der islamischen Welt ist das heute noch so. Man dichtete der Masturbation an, Ursache für allerlei schreckliche Krankheiten und Verformungen des Körpers zu sein.[94] Damit versuchte man die Kinder davon abzuhalten, was aber, da die Natur sich nicht dauerhaft unterdrücken lässt, zu keiner Zeit gelang.

Seinem Sohn malte Villaume auf sehr drastische Weise die weiteren Folgen seines wunderlichen Verhaltens aus, bei dem er ihn frisch ertappt hatte. Wenn der Sohn damit nicht aufhöre, drohe ihm in Zukunft Schreckliches:

»Dein Gesicht wird noch welker, deine Haut braun werden, deine Hände werden zittern, du wirst eine Menge kleiner Geschwüre im Gesicht bekommen, deine Augen werden trüb, dein Gedächtnis schwach, dein Verstand stumpf werden. Alle Fröhlichkeit, Schlaf und Appetit wirst du verlieren.«[95]

Dies ist die harte Methode, wie man ein Kind – angeblich zu seinem Wohl – über intime Dinge aushorcht.

Villaume beschreibt daher auch eine subtilere Methode zur Anwendung bei »Kindern von einem sanften, weichen Charakter«: Einem Knaben wird nach und nach die Ursache für seine Epilepsie und die damit einhergehenden Anfälle aufgedeckt. Schuld trägt allein er selbst, da auch er, wie der zum Vergleich herangezogene Jüngling, dessen trauriges Schicksal der Vater erzählt, »sich an den feinsten Nerven des Körpers schadete, und dabei wunderliche Gebärden machte«. Dies ging so weit, dass der unglückliche Knabe schließlich immer öfter lachen musste, ohne damit aufhören zu können, da ihm die Reizung der Nerven den Lachreiz verschaffte. Auch der Vater hatte den Sohn des Öfteren lachen gehört. Der Knabe in der Erzählung soll eines Tages einen solch heftigen Lachanfall bekommen haben, dass er daran erstickte und starb. Gelacht habe er wegen des Kitzels seiner Nerven, den er nicht mehr beruhigen konnte und so musste er fortdauernd lachen und starb daran. Und was war die Ursache? Der Knabe hatte zuvor einen anderen gesehen, der sich ebenfalls an den feinsten Nerven geschadet habe. Dies hatte er nachgeahmt, »es gefiel ihm so sehr, dass er durch diese Handlung die Nerven seines Körpers in eine ungewöhnliche Bewegung setzte, sie dadurch schwächte und seinen Tod bewirkte.« Der Sohn, dem diese Geschichte erzählt wurde, »war über und über rot und in einer sichtbaren Verlegenheit«. Er bat den Vater, sich entfernen zu dürfen, aber der Vater musste ihm zuerst noch das Geständnis entlocken, »eben das getan« zu haben, »was jener unglückliche Knabe tat«. Unter Tränen gestand der Junge seinen vermeintlichen Fehler ein.[96]

Bis heute hat sich in christlich-fundamentalistischen Kreisen an der inneren Haltung Gläubiger zur Sexualität ihrer Kinder nichts Wesentliches geändert. Immer noch gilt die Masturbation als geheime Verfehlung und man trichtert den Pubertierenden ein, sie könnten den Kampf gegen diese unreine Gewohnheit gewinnen. Durch häufiges Beten und intensivierten Gottesdienst könnten sie den Verlockungen des Fleisches widerstehen und so dem Teufel eine Antwort geben.[97] Von einer Glaubensschwester (Zeugin Jehovas) vor dreißig Jahren stammt folgender Bericht über die Behandlung dieses Problems bei ihrem 17-jährigen Sohn: »Sohn, die Sache mit der Masturbation, hast du damit ein Problem?« – »Nein, Mama.« – »Gut, das freut mich.« Nebenbei bemerkt, war diese Mutter eine eher liberale Gläubige.

In Wirklichkeit war daran nichts liberal. Auch die Glaubensgemeinschaft der Zeugen Jehovas war und ist es in dieser Frage nicht. Junge Leute müssen sich bis heute beschämende Vorträge zu diesem Thema anhören und dabei versuchen, sich nicht selbst (durch einen roten Kopf) zu verraten. Manch Jugendlicher fühlt sich sogar veranlasst, einem Gemeindevorsteher seine geheimen Verfehlungen zu beichten, um seinem unruhig gewordenen Gewissen Erleichterung zu verschaffen. Einem persönlichen Bericht aus jüngster Zeit zufolge hat ein Jugendlicher wegen seiner eigenen Verfehlung sogar die Einrichtung eines Rechtskomitees[98] verlangt. Dabei gibt es bei der Entdeckung der eigenen aufblühenden Sexualität überhaupt nichts zu beichten. Dass Kinder dazu gebracht werden, den Eltern oder anderen Autoritäten ihres Glaubens intime Dinge preiszugeben, das ist der eigentliche Skandal, denn dabei handelt es sich um subtile Gewalt, die sie erfahren müssen, ohne sich dagegen wehren zu können und zu dürfen. Junge Menschen, die auf diese Weise methodisch fortlaufend manipuliert werden, entwickeln nur sehr schwer ein eigenes Selbstbewusstsein und ein gesundes Körperempfinden, denn schon früh hat man sie gelehrt, den Körper und seine Funktionen misstrauisch zu beäugen und sie als Einfallstor des Satan streng zu überwachen.

Das Perfide an diesen subtilen Methoden der psychischen Verformung ist, dass »Gefühle von Empörung und Wut über diese verlogene Manipulation […] im Kind […] gar nicht aufkommen, weil es die Manipulation gar nicht durchschaut. Es können lediglich Gefühle von Angst, Scham, Verunsicherung und Hilflosigkeit in ihm auftauchen, die möglicherweise schnell vergessen werden, nämlich sobald das Kind ein eigenes Opfer gefunden hat.« Villaume und seine Berufskollegen der Schwarzen Zunft des 18. Jahrhunderts haben vor allem dafür gesorgt, dass ihre »Methoden unbemerkt [blieben]«.[99]

Oben sahen wir, wie vor zweihundert Jahren erklärt wurde, es sei unrecht, Kinder zu schlagen, wenn sie nicht lernten, stürzten oder Schaden taten. Recht war es dagegen, sie wegen solcher Verbrechen zu schlagen, wenn sie sie aus Trotz oder Bosheit verübten.[100] Im Zusammenhang mit der schulischen Erziehung sollten Lehrer darauf achten, Affekte des Zorns oder der Empörung (gegen ungerechte Behandlungen wie etwa Benotungen oder gar gegen Bestrafungen) sowie Weinen aus Schmerz oder Wut tunlichst zu unterbinden. Die Bestrafung sollte so lange andauern, bis der Delinquent seine Fehler eingesehen und sich gebessert hatte, bzw. sein Weinen aufhörte.[101]

Nach den Einsichten der Schwarzen Pädagogen sollen Kinder überhaupt lernen, ihre natürlichen und spontanen Regungen im Zaum zu halten.[102] Dazu rät man Eltern und Erziehern, die Kinder auf spielerische Weise dahin zu führen. So könne man beispielsweise einem stets unbedacht sprechenden Kind aufgeben, für einige Stunden zu versuchen, still zu sein. Man zählt dann mit, wie viele Male das Kind unbedacht gesprochen hat und fährt am nächsten Tag damit fort, um zu sehen, ob die unbedachten Äußerungen reduziert werden konnten. Dem Kind teilt man das Ergebnis mit: »Gestern hast du sovielmal unbedächtig gesprochen; nun laßt uns sehen, wie oft du heute fehlen wirst.«[103]

Ein anderes Mittel, die Kinder zu Selbstzucht und Tugend heranzuziehen, besteht darin, ihnen Dinge vorzuenthalten, die sie gern hätten, entweder besondere Speisen, Süßigkeiten oder ihren Drang, sich zu bewegen, indem man ihnen aufgibt, stillzusitzen. Des Weiteren rät Sulzer, die Kinder durchaus auch härtere körperliche Proben durchstehen zu lassen, zum Beispiel »sie hungern, dürsten, Hitze und Frost ausstehen« zu lassen. Oder sie sollen »harte Arbeit« verrichten, dies aber möglichst nur mit ihrer Einwilligung, denn sonst, verrät uns der Philosoph, wird das Ziel verfehlt: dass sie durch diese Übungen zu tapferen, standhaften und geduldigen Gemütern werden, die danach im Unterdrücken ihrer bösen Neigungen besonders tüchtig sind.[104]

Ein anderer Pädagoge[105] benennt unmittelbar die Verbindung zwischen seinen Erziehungsmethoden und ihrer eigentlichen Herkunft, nämlich dem heiligen Gotteswort. Der höhere Zweck der gottgemäßen Erziehung liegt in der Vervollkommnung des Geisteslebens, dem die Fleischeslust und das natürliche Sinnenleben entgegenstehen.[106] Hier scheint der gnostisch-manichäische Urgegensatz (Dualismus) zwischen fleischlichem Körper, Finsternis und den Verführungen des Teufels einerseits und Geist, göttlichem Licht und Gott selbst auf der anderen Seite auf. Der Mensch soll den Begierden des Fleisches, den Verlockungen der Welt und ihrem Herrscher, dem Teufel, widerstehen. Dazu muss er zunächst lernen, sich selbst zu beherrschen und seine Neigungen, Wünsche und Begierden zu verleugnen. Dies ist nichts anderes als die Abtötung des Lebendigen in sich selbst und die Unterwerfung des Leibes unter das Diktat des Gott gefällig gemachten Geistes. Das Kind besitzt noch nicht die dazu nötigen Voraussetzungen, daher muss der Erwachsene es durch Erziehung für die göttlichen Tugenden bereit machen. Dies dient dem ewigen Wohl des Kindes, einem Wohl, das es im Kindesalter zwar noch nicht verstehen kann, das aber so früh wie möglich angestrebt werden soll.

Wir werden im Verlauf dieses Buches noch feststellen, wohin eine solche jenseitige Argumentation letztendlich führt und welche tatsächlichen Folgen sie haben kann. Zuvor sind jedoch noch einige Hinweise zu erwähnen, die auf die vollständige Unterwerfung des Kindeswillens unter das Diktat der elterlichen Gewalt abzielen. Denn damit kann dieser Pädagogik zufolge nicht früh genug begonnen werden.

So soll das Kind gleich von Anfang an lernen, dass es nichts erhält, auch nicht notwendige Dinge des Lebens, wenn es diese laut schreiend einfordert.[107] Nun ist aber gerade das Schreien das einzige Mittel, das dem Säugling zur Verfügung steht, um seine Eltern herbeizurufen oder auf seine Bedürfnisse, die keinen Aufschub dulden, aufmerksam zu machen. Das aber soll nicht sein, so will es der Arzt und Hochschullehrer, Daniel Gottlob Moritz Schreber[108], denn:

»Zuvor muß das ruhige Benehmen zurückgekehrt sein, selbst wenn zum Beispiel das wohlbegründete und rechtzeitige Bedürfnis nach der regelmäßigen Nahrung die Veranlassung wäre – und dann erst, nach einer kleinen Pause, schreite man zur Erfüllung.« Man soll gewissermaßen zwischendurch die Babyflasche absetzen, nicht etwa, um Luft hineinzulassen, sondern damit das Kind lernt, dass es weder »durch Schreien [noch durch] unbändiges Benehmen seiner Umgebung irgendetwas abzwingen [kann]«. Lernt aber das Kind schon im Säuglingsalter Selbstbeherrschung, hat es eine gute Gewohnheit für das spätere Leben verinnerlicht. Damit ist nach Schreber »schon sehr viel gewonnen, denn die Konsequenzen dieser guten Grundlagen reichen unendlich weit und vielarmig in die Zukunft hinein«.[109]

Das tun sie in der Tat, wie wir noch sehen werden, jedoch nicht in der von Schreber beabsichtigten Weise. In den Betrachtungen über die artgerechte Behandlung des Menschen-Babys hatten wir gesehen, dass das möglichst ständige Tragen des Säuglings seiner Natur am besten entgegenkommt. Der Vorteil liegt auf der Hand: Mutter und Kind befriedigen ihr Bedürfnis nach Körperkontakt und Nähe des jeweils anderen. Die Mutter wird für die Bedürfnisse und Lautäußerungen ihres Kindes feinfühliger und kann prompt darauf antworten. Das Baby fühlt sich warm, geliebt, behütet und geborgen und weiß, dass seine Bedürfnisse wahrgenommen und befriedigt werden. Getragene Babys schreien weniger, so hatten wir gesehen – eine Erkenntnis, die den Herren Pädagogen des 18. und 19. Jahrhunderts offenbar nicht vorlag. Wie ist es zu erklären, dass man tatsächlich glaubte, dem Säugling mit der Erziehung in der Kunst des geduldigen Wartens einen besseren Start ins Leben zu geben?

Ein Baby, das man zu warten zwingt, obwohl die Nahrungsaufnahme für den kleinen Körper keinen Aufschub duldet, fühlt sich in seiner Existenz bedroht, weil sein wichtiges, lebenserhaltendes Bedürfnis nicht befriedigt wird. Und wenn sich das Baby bedroht fühlt, tut es das, was die Natur ihm als Lebensanker mitgegeben hat: Es gebraucht seine auf das Erwachsenengehör angepasste Stimme und schreit. Ausgerechnet diesen Notruf des Kindes deuten die Pädagogen, die hier zitiert werden, als Eigensinn, als unbändiges Benehmen, die nicht sein dürfen und dem Kind durch Vorenthalten, solange es schreit, ausgetrieben werden sollen. Dass dadurch jedoch lediglich ein Teufelskreis in Gang gesetzt und durch falsche Reaktionen auf fehlgedeutete Signale aufrechterhalten wird, haben sie nicht erkennen können. Interessant ist der Hinweis, dass die Kinder im fraglichen Alter in jenen Gesellschaftskreisen meist »fast nur den Händen von Dienstleuten überlassen sind, welche [...] für solche Auffassungen selten genügendes Verständnis haben«.[110] In diesem Fall hatten die weniger Gebildeten ungleich besser die Natur des Kindes verstanden und ihr auf angemessene Weise Rechnung getragen; damit waren sie, auch wenn das die schlauen Köpfe nicht sehen wollten, deutlich vernünftiger als ihre belesenen, hochgebildeten Herren.

Wer aber grundlegende Dinge nicht verstanden hat und fehlgedeutete Phänomene mit falschen Voraussetzungen erklärt, kann keine zutreffenden Schlussfolgerungen ziehen. Schrebers Irrtum begann bereits in der Prämisse. Die darauf bauenden Argumente konnten und können daran nichts ändern; der Irrtum bleibt. Dies führt uns Schreber nun vor:

Hat sich der Säugling daran gewöhnt, sich zu beherrschen, so hat er dadurch »bereits einen merklichen Vorsprung erreicht in der Kunst zu warten und ist vorbereitet auf eine andere, für die Folge noch wichtigere, auf die Kunst sich zu versagen«.[111]

Falsche Analyse, falscher Schluss. Das Kind hat nicht gelernt zu warten oder gar sich zu versagen, es hat gelernt, dass seine Signale nicht gehört und nicht beantwortet werden. Aus der Frustration folgt die Resignation. Das Baby hört auf zu schreien, weil es gelernt hat, dass seine Bezugspersonen sein Schreien nicht ernst nehmen. Es wird später als heranwachsendes Kind, dessen Vertrauen gestört wurde (die Eltern hören seine Signale nicht), nur schwer irgendjemandem vertrauen können. Ein Kind, dessen Bindung an die wichtigsten Menschen seines jungen Lebens beeinträchtigt wurde, wird unsicher, ängstlich und voller Misstrauen sein und sich in allen Belangen und Situationen schwer tun. Nichts wird ihm leichtfallen, sein Selbstvertrauen ist kaum oder gar nicht vorhanden, Bindungen gelingen nicht oder sind störanfällig, kurz: Ein Mensch, dessen frühkindliche Bindung an die Eltern gestört wurde, wird in seinem Leben häufig scheitern und aufgrund dieses Scheiterns frustriert und pessimistisch sein, wenn es um die Bewertung der eigenen Perspektiven geht.

Zu Schrebers Erziehungserfolgen ist festzustellen, dass sich der älteste Sohn Daniel Gustav (1839–1877) das Leben nahm. Der zweite Sohn, der sächsische Richter und kurzzeitige Senatspräsident am

Oberlandesgericht Dresden, Daniel Paul Schreber (1842–1911), litt an einer schweren psychischen Erkrankung, an Depressionen und hatte Suizidgedanken.[112]

Das sind die Folgen einer Pädagogik, die auf Gewalt und Unterdrückung baut, wie wir es an den hier erwähnten Beispielen sehen können.

Bis hierher soll es mit den Protagonisten der Schwarzen Pädagogik genug sein. Bleibt anzumerken, dass einige der Herren in ihrer Zeit als humanistisch und fortschrittlich angesehen wurden. Tatsächlich waren sie den Ideen ihrer Zeit unterworfen, die noch allzu tief in christlich-fundamentalistischen Glaubensvorstellungen verankert waren.

Wohin sollten all die Empfehlungen und Bemühungen von Eltern, Pädagogen und Lehrern führen? Die folgende Passage bringt Sinn, Ziel und Zweck der Schwarzen Pädagogik auf den Punkt:

»Zucht [ist], wie das alttestamentliche Wort sagt, wesentlich Strafe [...] Der verkehrte, [...] seiner selbst nicht mächtige Wille muß gebrochen werden. Zucht ist [...] Lebenshemmung, sie ist mindestens Einschränkung der Lebenstätigkeit, [...] also teilweise Aufhebung des Lebensgenusses, der Lebensfreude, und zwar selbst der geistlichen [...]. Daß in dem Werk der Erziehung eine gesunde Zucht der körperlichen Züchtigung niemals wird entbehren können, ist in der Erörterung des Begriffs der Strafe nachzuweisen. Ihre frühzeitige und nachdrückliche, aber sparsame Anwendung ist geradezu die Grundlage aller echten Zucht, weil das Fleisch die Macht ist, welche in erster Linie gebrochen werden muß.«[113]

Entwaffnend ehrlich. Die gedankliche Verbindung zwischen den Zielen und Methoden der Schwarzen Pädagogik und ihrer geistlichen Grundlage ist mit diesen Äußerungen dokumentiert. Die Grundlage heißt: alttestamentarische Texte, in denen Zucht immer wieder in unmittelbaren Zusammenhang mit körperlicher Bestrafung gebracht wird. Die Komplizenschaft der herrschsüchtigen, gewalttätigen Zwillingsschwestern Religion und Schwarze Pädagogik mit den Erziehern tritt an dieser Stelle offen zutage.

Islam

In kaum einer anderen der drei Weltreligionen hat sich das streng hierarchisch strukturierte Patriarchat bis in die Moderne erhalten, wie im Islam. Ganze Staaten unterwerfen sich seinen kleinteiligen Regeln und Geboten, beachten seine Tabus und Verbote. Wie bereits angerissen, ist auch im Islam, ganz wie im Christentum und Judentum[114], der Mensch vor Gott ein schwacher, kümmerlicher Sünder, der der fortgesetzten Vergebung und Gnade seitens des Allmächtigen bedarf. Dieses pessimistische Menschenbild drückt sich auch im Islam in der Art und Weise aus, wie Kinder zu Gehorsam und Unterwerfung gegenüber Gott erzogen werden sollen.

Ähnlich wie bei den christlichen Apologeten der Schwarzen Pädagogik legt auch der Islam besonderes Gewicht auf die Kontrolle der Sexualität sowohl der Erwachsenen als auch der Kinder. Besonders den Mädchen wird damit eine schwere Bürde auferlegt, sollen sie doch bis zu ihrer Heirat jungfräulich bleiben. Überhaupt werden in traditionell lebenden Familien der islamischen Welt vor allem die Mädchen streng überwacht. Mitunter dürfen sie, vor allem, wenn sie in die Pubertät kommen, das Haus nicht oder nur in Begleitung von Familienangehörigen verlassen. Die Ehre der gesamten Großfamilie hängt davon ab, ob das Mädchen seine Jungfräulichkeit bis zur Hochzeit bewahrt. Falls nicht, bringt die junge Frau Schande über die gesamte Familie und muss mit drakonischen Strafen rechnen, mindestens aber mit dem Verstoß aus dem Familienverband.[115]

Nun wird von muslimischer Expertenseite gern eingewandt, solche Praktiken seien gänzlich unislamisch und eventuelle ›Ehrenmorde‹

oder islamistische Gewalttaten hätten ›nichts mit dem Islam zu tun‹. Tatsächlich haben wir es bei Muslimen mit echten gläubigen Menschen zu tun, und viele von ihnen leben auch hier in Deutschland nach ihren Traditionen und erziehen nach den Vorgaben ihrer Religion – so, wie sie sie für sich erfassen – ihre Kinder. Und nicht selten geraten Söhne, die von ihren Herren, den Vätern, ernannten Wächter des Glaubens und der Traditionen, mit dem deutschen Gesetz in Konflikt, weil das Ausführen des väterlich-göttlichen Gebots, die Familienehre zu bewahren oder wiederherzustellen, ausdrücklich auch gewalttätige Mittel erlaubt oder sogar vorschreibt. Mit den inhaftierten Straftätern hat Necla Kelek gesprochen und die jeweils auf Band aufgezeichneten Interviews in ihrem Buch zusammengetragen.[116]

Ein weiteres Argument islamischer Experten lautet, »europäische Augen« würden den Islam nicht korrekt betrachten und »europäisches Denken« könne ihn nicht wirklich begreifen.[117] Dieser Einwand ist ein gern verwendeter Kniff Gläubiger, um ihre Argumentation unangreifbar zu machen und dadurch vor Kritik in Schutz zu nehmen. Man könne den Glauben eben nicht mit den Mitteln des rationalen Verstandes erfassen, denn er throne in höheren Sphären, die sich diesseitigem Begreifen entzögen.[118]

Wer den Islam und die Welt der Muslime vor dem Hintergrund eines »›fanatischen‹ Freiheits- und ›Emanzipations-Gedankens‹, der aus dem Unglauben resultiert«, betrachte, werde »unmöglich […] den Sinn der Pflichtenlehre in der Scharia […] verstehen«.[119]

Mag sein. Tatsächlich aber steht uns keine andere Sichtweise zur Verfügung, und darüber hinaus hat sie sich inzwischen seit Generationen bewährt. Mit unserer westlichen, religionsskeptischen Brille haben wir bereits Judentum und Christentum untersucht, was den beiden Religionen nicht geschadet hat. Nun können wir nicht ausgerechnet vor einer Religion halt machen, deren zum Teil sehr strenge Glaubenspraxis mit Macht in unseren Alltag eingebrochen ist (Schulleiter in einigen deutschen Städten mit bis zu 80% muslimischem Schüleranteil, von denen einige Eltern vehement Sonderrechte einfordern[120], können ein Lied davon singen), und deren besonders fromme Angehörige (Salafisten) staatliche Institutionen derzeit ziemlich intensiv in Anspruch nehmen.

Zurück zu dem Zusammenhang von Erziehung und Glaube in dieser Weltreligion:

Grundlage aller Erziehung sowohl der erwachsenen Gläubigen als auch der Kinder ist die »Unterwerfung unter Allahs Willen; also absoluter Gehorsam Allah gegenüber, dessen Gebote im Koran verankert sind. Der Islam [...] ist eine bestimmte Lebenseinstellung und Lebensweise, um das ewige Leben nach dem Tod zu erlangen.« Weiter:

»[Muslim zu sein] bedeutet: jemand, der durch seine Unterwerfung unter Allahs Willen zu vollkommenem Frieden gelangt ist. [...] [Der Muslim erkennt] Allah als den Einzigen Gott [an, unterwirft] sich Seinen Gesetzen und Befehlen [und befolgt] Seine Gebote [...]. Diese Ergebung seines ganzen Ichs in den Willen Allahs ist gelebter Islam. Das bedeutet, dass Denken, Handeln, Verhalten und Reden des Muslims vom Willen Allahs bestimmt werden. Die Folge davon ist, dass sein ganzes Leben im Einklang mit dem gesamten Universum und dem allumfassenden göttlichen Gesetz steht, was wiederum Voraussetzung ist für das ewige Leben nach dem Tod.«[121]

An dieser Stelle wird erkennbar, wie sehr der Gottesglaube das Leben des Menschen bestimmt. Der vollkommenen Inanspruchnahme aller Gedanken, Neigungen und inneren Regungen durch die Allgegenwart Gottes und der Furcht, ihm zu missfallen, kann der Gläubige zu keiner Zeit entkommen.[122] Das ganze Sein atmet den Gottesbezug, jede Zelle des Körpers ist von der göttlichen Übermacht durchdrungen. Glaube, das ist im Fall der Welt des Islam nicht bloß schmückendes Beiwerk oder Trost zur Erhebung des Geistes in dunkler Zeit, sondern Sein in absolutem Sinn. Dem Gläubigen bleibt keine andere Wahl, als sich der Omnipräsenz seines Gottes demütig zu beugen und einzusehen, dass seine unbedeutende Existenz allein von der Gnade des Allerbarmers abhängt. Das aber ist Schwarze Pädagogik in Reinform.

»Der Muslim glaubt an Allah [...], an alle Propheten [...] [und] an alle Seine Bücher, [...], an das Jüngste Gericht und an das [von Allah bestimmte] Schicksal, [...].« Fundament des Glaubens sind der Koran und die Sunna des Propheten. Der Koran ist die Gesamtheit der geoffenbarten Schrift Allahs, die durch den Engel Gabriel an Mohammed, seinen Propheten, weitergegeben wurde.[123]

Anzumerken ist, dass jedoch auch das islamische Glaubensgerüst nicht ohne den selbstreferenziellen Zirkelschluss der Eigenbestätigung auskommt: Dass der Koran göttlichen Ursprungs ist, hat Mohammed, Allahs Prophet, bestätigt. Die Worte, die ihm durch den Engel übermittelt wurden, bezeugen ihren göttlichen Ursprung:

»Sprich: ›Es steht mir nicht zu, [den Koran] aus eigenem Antrieb zu ändern. Ich folge nur dem, was mir offenbart wurde. Ich fürchte, falls ich meinem Herrn ungehorsam bin, die Strafe eines gewaltigen Tages‹« (Sure 10:159).

»Und dieser [Koran] hätte nicht ersonnen werden können, außer durch Allah. Vielmehr ist er eine Bestätigung dessen, was ihm vorausging, und eine Darlegung des Buches – darüber herrscht kein Zweifel – vom Herrn der Welten« (Sure 10:37).

»Oder wollen sie etwa sagen: ›Er hat ihn erdichtet‹? Sprich: ›Bringt denn eine Sura gleicher Art hervor und ruft, wen ihr nur könnt, außer Allah, wenn ihr wahrhaftig seid‹« (Sure 10:38).

Mit dieser gewaltigen Autorität im Rücken tragen sowohl Mohammed als auch seine Gefährten den geoffenbarten Willen Allahs verbindlich für alle Gläubigen vor. Wahrlich, wer wollte sich da noch widersetzen? Außer den religiösen Normen, die die Beziehung des Gläubigen zu seinem Gott berühren, enthält das Gotteswort aber auch »rechtliche, geschichtliche und sittliche Vorschriften, die das gesamte Leben des einzelnen und der Gemeinschaft regeln«.[124]

Ein weiteres verbindliches Regelwerk muslimischen Glaubens ist die *Sunna*. Sie enthält »vorbildliche Bräuche und Gewohnheiten des Propheten [...] [sowie] seine Aussagen und Sprüche zu den unterschiedlichsten Themen.« Was im Koran fehlt, erklärt der Prophet, und der Gläubige soll ihn darin nachahmen. »Die Sunna betrifft Dinge, die der Prophet [...] getan, befohlen, empfohlen oder stillschweigend gebilligt hat. [Sie ist] die zweite, [den Koran] ergänzende Quelle der islamischen Gesetzgebung.«[125]

Auch die fünf Säulen des Islam dienen der Erziehung der Gläubigen. Sie sind: das Glaubensbekenntnis, das Gebet, das Fasten, die Zakah und die Pilgerfahrt nach Mekka.

(1) Das Glaubensbekenntnis lautet: »Ich bezeuge, dass es keinen Gott gibt außer Allah und dass Mohammed sein Gesandter ist.«[126]

(2) Das Gebet erfordert einen ziemlichen Zeitaufwand.[127] Fünfmal am Tag mit dem Gesicht gen Mekka soll gebetet werden, morgens, mittags, nachmittags, abends und nachts, abhängig vom jeweiligen Stand der Sonne. So erhöht der Gläubige sein Gottesbewusstsein und stärkt sich für sein Leben nach Allahs Willen. Auch das Gebet ist »ein Mittel der moralischen und geistigen Erziehung« und prägt das Denken und Handeln des Gläubigen im Sinne der Religion.[128]

(3) Durch das Fasten (im Monat Ramadan) soll der Gläubige seine Abhängigkeit von Allah intensiv erleben. »Gleichzeitig wird durch die Unterdrückung des körperlichen Verlangens die Willenskraft des Muslims gestärkt, da dieser lernt, seine Bedürfnisse zu zügeln und geduldig zu werden.«[129]

Im Jahr 2018 fiel der Ramadan in die Zeit von Mitte Mai bis Mitte Juni. In den Ursprungsländern des Islam ist es in diesen Wochen unerträglich heiß und in der nördlichen Hemisphäre (etwa in Deutschland, mit 51° nördlicher Breite) beginnt allmählich der Sommer. Vor allem die Tageslänge ist eine Herausforderung: Über 16 Stunden müssen Muslime ohne Nahrung und ohne Wasser in unseren Breiten ausharren. Ob sie während dieser Zeit Lust auf Sex haben, sei dahingestellt, er ist ihnen ohnedies verboten. Kinder bis zur Pubertät, Reisende, Kranke, stillende Mütter und Alte sind von den strengen Regeln ausgenommen, Reisende müssen jedoch nach ihrer Heimkehr das Fasten nachholen.

Während der heißesten Stunden oder gar zwei Drittel des Tages auf Wasser zu verzichten, ist unvernünftig. Es gibt für Menschen keinen rationalen Grund, auf die lebensnotwendige Versorgung des Körpers mit Flüssigkeit zu verzichten, wenn Trinkwasser, wie in Deutschland, jederzeit in ausreichendem Maße zur Verfügung steht. Dem Körper eine derartige Stresssituation ohne Not zuzumuten, grenzt an Wahnsinn. Bedenkt man ferner, dass schon recht junge Menschen in die Pubertät kommen können (manche bereits mit 9, 10 oder 11 Jahren), und zieht man in Betracht, welch geringe Reserven dem jungen, zarten Körper zur Verfügung stehen, ist das Gebot, weit mehr als einen halben Tag gänzlich auf Nahrung und Flüssigkeit zu verzichten, auf empörende Weise lächerlich.

(4) Die Zakah, eine verpflichtende Spende an Arme, »wird jährlich auf Gold, Silber, Vieh und andere Wertgegenstände erhoben und an unterstützungsbedürftige Mitbürger gezahlt. Die wichtigste Bedeutung liegt darin, die Opferbereitschaft der Muslime zu fördern und sie vor Selbstsucht und Geiz zu schützen. Außerdem soll das gesamte Vermögen nicht in den Händen einzelner bleiben, sondern auf die ganze Gemeinschaft verteilt werden.«[130]

Klingt sehr schön, nur prallen hier Anspruch und Wirklichkeit hart aufeinander. Wenn es die gesegnete Gemeinschaft der Gläubigen wirklich gäbe, dürfte es in den islamischen Ländern nicht solche gravierenden Unterschiede zwischen dem empörenden Luxus superreicher Herrschender und der bitteren Armut von, zum Beispiel, um ihren Lohn betrogenen Wanderarbeitern aus Indien, Nepal oder Bangladesch geben, die sich auf den Prestigebauten in vielen Fällen buchstäblich zu Tode schuften.

Ideologie und gelebte Glaubensrealität gehen also auch im Islam – wie in den anderen hochgepriesenen Glaubenswelten – weit auseinander.

(5) Die Pilgerfahrt nach Mekka ist jedem Muslim vorgeschrieben. Sie sollte einmal im Leben stattfinden, sofern dem Gläubigen dazu die finanziellen Mittel zur Verfügung stehen.[131]

Ziel all der Erziehung durch Glaubenstaten ist die Herstellung solcher Lebensumstände und Bedingungen, »die den einzelnen von allem Schlechten reinigen und seine konstruktiven Fähigkeiten entfalten lassen«. Es soll eine Gesellschaft entstehen, »die es dem einzelnen ermöglicht, sich ganz auf seinen Glauben und auf seinen Weg zu Allah zu konzentrieren und unbeirrt von etwaigen Ängsten und Unsicherheiten seiner Bestimmung zufolge zu leben.« Nötig ist dazu »ein unerschütterlicher Glaube an die Existenz des Schöpfers«, nach dessen Willen man das eigene Leben ausrichtet. Der Mensch muss »das göttliche Gesetz über die islamische Lebensweise kennen und seinen Sinn und seine Bedeutung verstehen.« Ein islamisch geschultes Gewissen und das »ausgebildete Gottesbewusstsein [jedes Gläubigen] sind die Garantie für die Verwirklichung des gesamten islamischen Systems.«[132]

Der Anspruch des Islam endet nicht damit, den Gläubigen das ideale Umfeld zur Gottesnachfolge zu schaffen, sondern er ist »ein sicherer Weg für *die gesamte Menschheit* [und verhilft ihr] zum höchsten Wohl«. Vor diesem Hintergrund »versteht man auch das kämpferische Verhalten des Propheten Muhammad [...] gegenüber angreifenden Ungläubigen!«[133]

Besserwisserische Arroganz im Anspruch auf Weltbeglückung durch die eigene Ideologie und die Bereitschaft, die Feinde (die Ungläubigen) abzuwehren oder gar zu bekämpfen (jedes Mittel scheint erlaubt), gehören seit Menschengedenken zu den Attributen ideologisch unterfütterter politischer Systeme. Dies scheint der hier referierenden Islamkonvertitin[134] nicht klar zu sein.

Solange aber dieser weltumspannende Traum nicht verwirklicht ist, gilt es, die Gemeinschaft der Gläubigen gegen die verderbte Welt der Ungläubigen sicher abzuschirmen. Dazu dient auch das den Islam wesentlich prägende, eigene Rechtssystem, die *Scharia*.

»Sie enthält Vorschriften für das Verhalten des einzelnen in allen Dingen des Lebens; unterteilt in Sittlichkeit, Moral, Erlaubtes und Verbotenes. Aus dem Glauben an das Jenseits und an die Strafe und Belohnung für die Taten im irdischen Leben ergeben sich diese Pflichten und ihre Erfüllung. Dies unterscheidet in besonderem Maße Gläubige von Ungläubigen; denn ein Mensch, der nur an das diesseitige Leben glaubt, wird vielmehr seine Rechte suchen und auf ihnen bestehen, um nicht ›benachteiligt‹ zu werden. Ein Gläubiger jedoch, der in dem Bewusstsein lebt, dass seine Taten auf Erden Folgen im Jenseits haben werden, wird gezielter an seine Pflichten denken und sie so gewissenhaft wie möglich zu erfüllen versuchen, um das Leben im Paradies erlangen zu können.«[135]

Weil sie an eventuelle Bestrafung im Jenseits denken und sich davor fürchten, halten sich Gläubige an Allahs Gebote. Die Aussicht auf Belohnung veranlasst sie, ihre Pflichten zu erfüllen. Versuchen somit also auch Gläubige, Nachteile im Jenseits zu vermeiden, werden sie im Grunde von keiner höheren Ethik angetrieben als jene, die sie den Ungläubigen unterstellen. In dem Versuch, die Anhänger Allahs wegen ihrer vermeintlich selbstlosen Ethik auf eine höhere Stufe zu stellen, verrät die Interpretin des ›rechten Glaubens‹ hier die tatsächliche Denkart vieler Gläubiger.

Ihr zufolge haben nur gläubige Menschen eine sie antreibende innere Disposition zu Ethik, Moral und Anstand; Ungläubige haben hingegen keinen ethischen und moralischen Kompass, ihr Koordinatensystem ist allein auf den eigenen Vorteil ausgerichtet. Sie kennen nur ihre Rechte und verschaffen ihnen rücksichtslos Geltung, da sie nicht bereit sind, Nachteile in Kauf zu nehmen. Ganz anders die Gläubigen: Da der Höchste ihnen die allein gültige Unterscheidung von Gut und Böse vermittelt, ihnen einen Kompass an die Hand gegeben hat, den es außerhalb der Glaubenswelt nicht gibt, sind nur sie zu Anstand, Pflichtgefühl und einer Ethik, die der Menschheit dient, befähigt.

So sehen sich viele Gläubige selbst sehr gern. Tatsächlich fällt das ganze Wir-sind-die-Besseren-System in sich zusammen, da die Furcht vor Bestrafung und die Hoffnung auf Belohnung im Jenseits in Wahrheit gar kein selbstloses Tun zu begründen vermag. Der wahrhaft Gute tut Gutes um des Guten willen. Er hat das Gute mithilfe seiner Vernunft erkannt und tut es aus eigenem Entschluss. Altruismus ist kein Altruismus, wenn die Motivation zu seiner Ausübung auf Belohnung gegründet ist – auch dann nicht, wenn diese Belohnung erst im Jenseits erwartet wird. Andernfalls wäre Altruismus in Wahrheit Egoismus. Wer gut ist, weil Gott es will und einfordert, ist nicht aus sich selbst heraus gut, sondern aus Zwang.

Wenn Gott das Gute definiert, wird der Gläubige es selbst dann als gut erachten, wenn die Vernunft das Gute Gottes als in Wahrheit schlecht erkannt hat. Gutes dient dem Menschen, es fördert sein Wohlbefinden, sichert sein Leben und wirkt sich positiv auf die Umwelt aus. Die Fähigkeit zu Mitgefühl ist die Grundlage zum Guten. Gott aber setzt den Maßstab für Gut und Böse nicht aus Mitgefühl, sondern aus Macht. Was ihm dient, ist gut. Was seinem Bedürfnis nach Ehre, Anbetung und Lobpreisung durch seine Geschöpfe (Engel und Menschen) entgegenwirkt, ist böse und wird bestraft. Gott in seiner eifersüchtigen Machtfülle (»Ihr sollt nichts neben mich stellen«; »Verehrt keinen außer ihm«) ist nicht gut, weil das Gute um seiner selbst willen kein Maßstab seines Handelns ist.

Den eigenen Kompass göttlichen Richtlinien anzupassen, sagt nichts über seine tatsächliche Gütequalität aus. Allein die Vernunft vermag Gut und Böse oder besser: Gut und Schlecht im Hinblick auf die Folgen zu unterscheiden. Der göttliche Maßstab taugt hierzu nicht. Gläubige, die sich aus den oben dargestellten Motiven der Richtschnur ihres allmächtigen Normensetzers unterwerfen, sind aus diesem Grund vollkommen ungeeignet, über Ethik und Moral allgemeingültige Aussagen zu machen. Ihr Urteil über die angeblich egoistischen Motive Ungläubiger ist mithin wertlos.

Gläubige Muslime unterliegen in ihrem ganzen Sein dem Willen Allahs. Die Erfüllung der Pflichten ihm gegenüber steht über allen anderen Verpflichtungen im zwischenmenschlichen Bereich. Das ganze Leben der Gläubigen, von der Wiege bis zur Bahre, unterliegt dem Willen und den Bestimmungen, den Regeln, Gesetzen, Geboten und Verboten, wie sie Koran und islamisches Gesetz (Scharia) minutiös auflisten. Sämtliche Bereiche des täglichen Lebens sind davon berührt. Stets geht es um Erziehung im Islam. Angefangen bei den werdenden Müttern, die dem Ungeborenen allein durch das akribische Befolgen aller Glaubensregeln ein Gefühl für die Welt der Gläubigen (*Umma*) vermitteln[136], über die stufenweise, geschlechtsspezifische Erziehung der Mädchen und Jungen bis hin zur endgültigen Rollenverteilung der Frauen und Männer, alles ist bis ins Kleinste vorgeschrieben und geregelt.[137]

Selbst die Kleinen, denen gleich von Beginn an die schwere Verantwortung auf die Schultern gelegt wird, durch ihr tadelloses Betragen im Islam Wohl und Wehe der gesamten Gemeinschaft der Gläubigen mit zu gewährleisten, sollen einander zu Rechtgläubigkeit und Gehorsam erziehen.[138] Die gegenseitige Erziehung im Islam wird auf diese Weise integraler Bestandteil der Persönlichkeit jedes Gläubigen, ein perfektes System zur ständigen gegenseitigen Überwachung. Eine Kindheit im wohlverstandenen Sinn gibt es im Islam also nicht.

Wundert es angesichts solch totaler Inbesitznahme des Menschen durch seinen Gott und dessen kleinteiliges Regelwerk, dass patriarchales Denken und Schwarze Pädagogik gerade auch im islamischen Glaubenssystem ein solch mächtiges, weltumspannendes Zwillingspaar geworden sind? Wie im Fall der christlichen Apologeten der Schwarzen Pädagogik, so erkennt man gerade auch im Islam die Unmöglichkeit, Glaubensideologie und patriarchale Herrschaftsstrukturen voneinander zu trennen. Sie bedingen sich gegenseitig, das eine kommt ohne das andere nicht aus, wäre gar nicht überlebensfähig. Wer schuf wen? Schufen die Patriarchen des Orients die zu ihrem Herrschaftssystem passende Religion oder traf die richtige Gottesvorstellung zur richtigen Zeit in der passenden Weltgegend auf die perfekten Rezipienten, denen solch göttlicher Beistand zur Festigung und ewigen Verankerung ihres Machtanspruches gerade recht kam? Schwer zu sagen. Tatsache ist, dass sie schnell zu dem mächtigen Zwillingspaar heranwuchsen, das seit nunmehr eintausendvierhundert Jahren erfolgreich Denken, Sprechen und Handeln Milliarden Gläubiger unentrinnbar beherrscht und tief greifend prägt.

»In ihrer Familiendiktatur sind die Väter die unumschränkten Herrscher. Sie fühlen sich in der Regel nicht im Unrecht, weil niemand berechtigt ist, ihnen zu widersprechen. [Der Vater ist] niemandem für sein Verhalten verantwortlich, weder seiner Frau noch seinen Kindern [und schon gar nicht] den ungläubigen Deutschen – nur Allah am jüngsten Tag. [Daher stammt] seine Legitimation direkt von Gott, und damit ist er unantastbar.

[So] baut der Vater mithilfe seiner Familie seinen Staat […] auf. Sein ›Volk‹ sind seine Söhne, seine Frau und Töchter […].

Seine Söhne sind seine Ordnungsmacht, seine Armee. Passiert etwas, könnte er ihnen Vorwürfe machen: ›Habe ich euch so erzogen, dass ihr versagt und nicht auf eure Schwester aufpasst?‹ […]

> Die Söhne werden [schließlich] im absoluten Glauben an ihren Herrn, ihren Vater [...] tun, was ›man tut‹ – auch weil sie wissen, dass sie eines Tages selbst die Macht übernehmen.
>
> Gegenüber den Frauen dürfen sie alles; [wenn nötig,] können sie ihre Schwester auch schlagen [...], [rechtfertigen müssen sie sich dafür allein gegenüber ihren Vätern]. Und so kann es passieren, dass ein junger Mann [...] mit einer Waffe [...] seiner Schwester in den Kopf schießt [aus Gehorsam gegen das väterlich-göttliche Gesetz]. [Tatsächlich empfindet er] nicht wirklich etwas für seine Schwester. Der neunzehnjährige Bruder, der seine Schwester Hatun Sürücü erschossen hat, sagte, dass er in der Nacht nach der Tat endlich gut geschlafen habe – er hatte seine Pflicht erfüllt.«[139]

Das Patriarchat ist, wie man sehen kann, wesentlich durch Kontrolle gekennzeichnet. Der Patriarch, Oberhaupt seiner Großfamilie, hat zum einen absolute Macht und zum anderen totale Kontrolle über alles und jeden in seinem Haus. Er bestimmt selbst über das Leben seiner erwachsenen Kinder, verfügt, wer schließlich wen heiratet.[140] Dem Ziel des Erhalts seiner Familie ist in seinem Haus alles unterworfen. Frauen haben im Patriarchat wie im Islam die Rolle der Kindergebärerinnen, der Mütter und der Verwalterinnen des Haushalts. Sie leiten ihre Töchter zu Fleiß und Mitarbeit im Haus an, während die Männer sich um auswärtige Geschäfte kümmern.[141]

Die Erziehung zu Sittlichkeit, Reinheit und Keuschheit ist unverzichtbarer Wesenskern im Islam.[142] Alle Familienmitglieder achten zugleich auf die peinliche Einhaltung vor allem der Gebote zur sexuellen Enthaltsamkeit unter Unverheirateten. Dass es dabei häufig zu eher komischen Verwicklungen und einer ausgefeilten Logistik zur Umgehung des strengen Regiments des Haustyrannen kommt, um Liebenden doch ein Stelldichein zu ermöglichen, hat Seyran Ateş anschaulich beschrieben.[143] Wieder einmal klaffen Anspruch und

Wirklichkeit weit auseinander, was angesichts der naturwidrigen, überhöhten Vorstellungen jedoch nicht verwundert.

Dennoch halten traditionell lebende Muslime unverdrossen an der Sittenkontrolle untereinander fest, als ob mit deren Verlust letztlich weit mehr verloren gehen könnte als lediglich das Jungfernhäutchen junger muslimischer Frauen ...

»Und der Mensch schuf Gott«

Sag mir, wie deine Eltern waren, und ich sage dir, wie dein Gottesbild ist. Die Vorstellung, die gläubige Menschen von ihrem Gott haben, entspricht meist der Erfahrung im Elternhaus. Waren die gläubigen Eltern sanft, herzlich, zugewandt, tolerant und mitfühlend, dann war der Gott, den sie ihren Kindern nahebrachten, ebenfalls mit diesen Eigenschaften ausgestattet. Wer als Elternteil seine Kinder um ihrer selbst willen vorbehaltlos liebt, wird in der Vermittlung des tradierten Gottesbildes jene Passagen heiliger Texte betonen, die diesem Bild entsprechen. In allen drei monotheistischen Religionen existieren solche Textstellen; allen drei Gottheiten wird ausführlich Liebe, Barmherzigkeit, Langmut, Güte und Gnade gegenüber ihren Anbetern attestiert. Liebende Eltern werden daher keine Mühe haben, diese Passagen vorzutragen und sie durch das eigene Beispiel für ihre Kinder erlebbar werden zu lassen. Kinder, die einen gütigen Gott spürbar erlebt haben, weil sie von ihren Eltern geliebt und in all ihren Bedürfnissen versorgt wurden, werden keinen anderen Gott denken können, als den, der ihnen in ihrer Kindheit begegnet ist. Ihr Gott wird der Inbegriff all des Positiven sein, das ihre Eltern ihnen angedeihen ließen. Zwar werden sie die grausamen, verstörenden und mitunter bluttriefenden Szenen in den heiligen Texten kennen; diese aber haben keinen Einfluss auf ihr Gottesbild, weil dies nicht zu ihrem Erfahrungshorizont gehört. Sie werden daher, wie ihre Eltern es ihnen vermutlich beigebracht haben, solche Passagen historisch kontextualisieren. Wir werden später darauf zurückkommen.

Dem stehen allerdings ihrerseits traumatisierte, autoritär erzogene Eltern gegenüber, die durch die Methoden der Schwarzen Pädagogik in ihrer Kindheit verformt worden sind. Solche Eltern werden häufiger den richtenden und strafenden Gott betonen, der kein Abweichen von seinen Normen, Geboten und Handlungsanweisungen duldet. Tatsächlich bieten die heiligen Texte der drei hier betrachteten Religionen auch für solche Methoden und Schwerpunktsetzungen reichlich Material, auf das sich die autoritären Eltern berufen können. Kinder solcher Eltern lernen oft einen ganz anderen Gott kennen als Kinder liebevoller Eltern: Der ihnen vermittelte und erlebbar gemachte Gott ist streng, duldet keinen Widerspruch, wird schnell zornig und beharrt auf bedingungslosem Gehorsam. Er rafft, wenn es sein muss, ganze Völker hinweg und gießt seinen Grimm selbst über sein erwähltes Volk aus. Dieser Gott überwacht stets alles, was auf Erden und besonders unter seinen Anbetern vor sich geht, und er sorgt durch seine irdischen Wächter dafür, dass jeglicher Verstoß gegen seine Gebote konsequent geahndet wird. Eltern sind nicht nur die Versorger und Erzieher ihrer Kinder, sie sind auch Wächter im Auftrag ihres göttlichen Herrn. Kann sich ein Kind auch hin und wieder vor den Eltern verbergen und heimlich seinen Wünschen oder Neigungen nachgehen, so weiß es doch zugleich, dass der prüfende Blick des Allerhöchsten allgegenwärtig ist und man ihm niemals entrinnt.

Für diese Sicht auf Gott gibt es in den heiligen Texten in gleicher Weise eine Fülle an Belegen, wie sich harmlosere Passagen für das Bild des gütigen Gottes finden lassen. Ein Kind, das dazu erzogen wird, sich der Allgegenwart Gottes stets bewusst zu sein, wird nicht unbefangen sein können. Seine Eltern geben ihm dazu keinen Anlass und, soweit möglich, auch keine Gelegenheit. Dass dies alles sein individuelles Bild von Gott kaum positiv beeinflusst, ist offensichtlich. Wir werden noch sehen, wozu ein solch nachteiliges Gottesbild schließlich führen kann.

Insgesamt bleibt festzustellen, dass die Erziehung der Eltern nicht nur über Wohl und Wehe der Persönlichkeitsentwicklung der Kinder entscheidet, sondern auch ihr individuelles Gottesbild bleibend beeinflusst. Dies soll am Beispiel der Zeugen Jehovas als christlich-fundamentalistischer Glaubensgemeinschaft und, in einer weiteren Perspektive, am Beispiel des Islam deutlich werden.

Zeugen Jehovas

Gottesvorstellung und Persönlichkeitsstruktur sind eng verflochten; der Charakter des Gläubigen und sein individuelles Gottesbild sind gleichsam identisch. Die Zeugen Jehovas bilden hierin keine Ausnahme. Bald ist Gott (Jehova) die Liebe selbst, barmherzig, gnädig, gut, weise, großmütig, sogar demütig, mitfühlend, unserer Schwächen eingedenk und rücksichtsvoll – deswegen hat er doch seinen Sohn, Jesus Christus, geopfert, nämlich weil er die Menschheit liebt und sie aus der Knechtschaft der Sünde befreien will –, bald aber ist er eifernd, gerecht, grimmig, zornig und ein Kriegsmann. Er ist allwissend, hasst Sünde und ahndet Vergehen seines Volkes bis in die vierte Generation, wacht eifersüchtig darüber, dass man ihm treu ergeben bleibt, und duldet keine anderen Götter neben sich. Zudem tut es seinem Auge nicht leid, ganze Nationen von der Erde zu vertilgen, wenn sie ihm nicht dienen wollen. Er hat schon einmal bewiesen, zu was er fähig ist, hat er erst einmal sein Urteil über die Weltbevölkerung gesprochen: Er flutete die ganze gottlose Menschheit mitsamt seiner tierischen Schöpfung hinfort.[144] Etwas ähnlich Drastisches wird der Allmächtige anlässlich des Weltendes (Harmagedon[145]) wieder tun, wenn die Menschen sich nicht endlich zu ihm bekennen, so die Überzeugung der Gläubigen aus dem Kreis der Zeugen Jehovas.

So endgültig strafend wie ihr Gott, so gnadenlos fällen besonders jene, die eine gewisse Machtstellung innehaben, ihr Urteil über Mitglieder der Gemeinde, die in Fragen der persönlichen Lebensgestaltung, also Kleidung, Berufswahl, Einkommen, Hobbys, kulturelle Betätigungen (Theater-, Kino- oder Opernbesuch etc.), weniger rigide Maßstäbe anlegen als sie. Schnell ist das naheliegende erste Urteil gefällt: Schlechter Umgang[146], mit dem man möglichst wenig private Zeit verbringen sollte, um sich nicht anstecken zu lassen.

Hat sich ein solch laxer Glaubensgenosse auch noch eines kapitalen Fehlers schuldig gemacht, etwa in Bezug auf die strenge Sexualmoral, steht das endgültige Urteil schnell fest, sofern der Betreffende nicht vor den Gemeindevorstehern und ihrem eingesetzten Tribunal seine Sünde bekennt, glaubwürdig bereut und Buße und Umkehr gelobt: der Ausschluss aus der Gemeinschaft, der Rauswurf.

Nicht alle Vorsteher sind so streng und gnadenlos. Jene, deren Persönlichkeit eher ausgleichend, versöhnend, verständnisvoll und herzlich ist, weil sie selbst unter der gütigen Obhut mitfühlender, warmherziger Eltern aufwuchsen, versuchen meist zuerst alle Mittel auszuschöpfen, um dem Delinquenten die Höchststrafe zu ersparen. In vielen Fällen sind solche Bemühungen von Erfolg gekrönt: Die Sünder zeigen sich oft selbst besonders zerknirscht über ihre Verfehlung, bereuen innig und akzeptieren die vom Tribunal verhängten Sanktionen. Es gibt tatsächlich gewisse Spielräume, die genutzt werden. Insgesamt aber bleibt festzuhalten, dass alle Mitglieder der Zeugen Jehovas eher konservativ denken, und in Fragen der Sexualität kann man sie nicht von konservativen Katholiken oder Mitgliedern der Pius-Brüder unterscheiden. Verstößt ein Zeuge Jehovas gegen göttliche Gebote und bereut er diese Sünde nicht, tragen alle Mitglieder die verhängten Sanktionen mit, auch die Verurteilung mit Höchststrafe, den Ausschluss, der den tatsächlichen Verlust aller persönlichen Kontakte bedeutet. Jedes einzelne Mitglied der Glaubensgemeinschaft ist von der Richtigkeit der Maßnahme überzeugt und glaubt, dem vom Weg Abgekommenen damit einen letzten Liebesdienst zu erweisen.

Mag auch mancher die Nachricht vom Ausschluss mit Bestürzung aufnehmen, weil sein mitfühlendes Wesen nicht anders kann, so unterstützt er dennoch die verhängte Strafe, weil er trotz allen

Mitgefühls doch auch an den strengen, Sünde bestrafenden Gott (Jehova) glaubt.

Gewöhnliche Kirchgänger sind in Bezug auf ihre Glaubenspraxis meist entspannt; ihr Glaube gibt ihnen Halt und tröstet in schwerer Zeit. Keinesfalls beherrscht er sie oder dominiert ihren Alltag. Den besonderen Dienst für Gott überlässt man gern den dafür ausgebildeten Priestern.

Nicht so bei den Zeugen Jehovas. Ihr Glaube ist nicht bloß Stütze oder Trost. Er bestimmt ihren Alltag und beherrscht ihr ganzes Sein. In dieser konservativen Glaubensgemeinschaft dienen daher nicht nur die Priester ihrem Gott, sondern auch die Laien. Alle sind gefordert, alle sind ›Diener Gottes‹, folglich muss jeder seinen Beitrag leisten.

In der Glaubensgemeinschaft der Zeugen Jehovas soll jedes männliche Gemeindemitglied das Amt eines Vorstehers (Ältesten) anstreben. Das bedeutet in erster Linie, der Gemeinde durch sehr viel unbezahlte Arbeit zur Verfügung zu stehen: Ansprachen ausarbeiten und der Gemeinde schließlich vortragen, in der Verkündigungsmission[147], also dem Anwerben neuer Mitglieder durch unangemeldete Hausbesuche meist am Samstagmorgen, ein Vorbild sein. Wie sehr ein Ältester darin Vorbild ist, bemisst sich an dem monatlichen Leistungsbericht, den jedes Mitglied schriftlich hinterlegt. Zudem sollen die Vorsteher das Programm für die wöchentlichen Bibelstunden zusammenstellen, die Teilnehmer auswählen und ihnen ein zu referierendes Thema zuweisen.

Daneben überwachen sie den Fleiß (Eifer) jedes einzelnen Mitglieds, der sich ebenfalls am monatlichen Leistungsbericht ablesen lässt. Lässt ein Mitglied in seiner Leistung nach, sollen die Ältesten prüfen, woran das liegt und ob es ein Glaubensproblem gibt. Die Gleichung heißt: starker Glaube – gute Leistungsbilanz (hoher Zeiteinsatz beim Missionieren, gemessen in Stunden; evtl. hoher Absatz an *Wachtturm*-Produkten [Zeitschriften, Bücher, Bibeln] und allgemein hohe Leistungsbereitschaft, die sich in ständiger Verfügbarkeit für die Gemeinde zeigt); schwacher Glaube – schlechte Leistungsbilanz (magere Ergebnisse im monatlichen Leistungsbericht) und allgemein wenig Neigung, mehr als das unbedingt Nötige zu tun.

Solche schwachen Mitglieder untergraben die Moral der Gruppe, stellen die Lehren der Führung infrage und zeigen wenig Neigung zur Kooperation. Sie sind zu unabhängig in ihren Entscheidungen und vor allem im Denken; sie gelten als der oben erwähnte schlechte Umgang. Die schleichende Gefahr, die von diesen Personen ausgeht, muss gebannt werden. Dies ist eine wesentliche Aufgabe der Gemeindevorsteher, die über die Herde Gottes wachen.

Die Geschichte eines dieser Ältesten soll nun erzählt werden.[148] An seinem Verständnis der Glaubenslehren der *Wachtturm-Gesellschaft* und seiner Art, seine Kinder nach ihren Regeln zu erziehen, soll deutlich werden, wie sehr Gottesbild und Charakter des Menschen einander gleichen:

Der Vater, von dem nun berichtet wird, war ein Wächter im beschriebenen Sinne. Nach einem langen Weg vom glaubensschwachen Untätigen zum strebsamen Vorbild-Zeugen-Jehovas hatte er den Aufstieg schließlich geschafft, und nun nahm er seine Aufgabe mit der ihm eigenen Gründlichkeit wahr. Einem Vorsteher (Aufseher oder Ältesten), der zugleich Familienoberhaupt war, oblag vor allem die Pflicht, seine »Kinder mit allem Ernst in Unterwürfigkeit zu halten«.[149] Dies tat er in einer Ernsthaftigkeit, die in seiner Gemeinde ihresgleichen nicht fand. Es entsprach seinem Naturell, päpstlicher als der Papst zu sein. Engstirnig, strenggläubig und autoritär erzog er daher seine Kinder. Sein Gottesbild war jenes des gerechten, machtvollen und strengen himmlischen Vaters, der seine Liebe selbst immer wieder dadurch bewies, dass er sein erwähltes Volk schlug, wenn es ungehorsam geworden war und seine Gebote übertrat. Gott wollte doch nur das Beste für seine Menschenkinder, deshalb musste er sie zurechtweisen, ermahnen und, wenn Worte nichts bewirkten, bestrafen. Sie sollten nicht vom Weg abkommen, sollten nicht dem Teufel verfallen, was aber unweigerlich geschehen würde, wenn der himmlische Vater nicht Strenge walten ließ.

In gleicher Weise hielt dieser Vater die Zügel der Totalüberwachung straff gespannt. Sein Wort war Gesetz, Ungehorsam duldete er ebenso wenig wie Widerworte. Widerworte! Das war Majestätsbeleidigung, Hochverrat. Solcher Frevel wurde ohne Gnade sofort und streng bestraft. »Du wagst es, deinem Vater Widerworte zu geben? Na warte, dir mach ich Beine!« Im nächsten Moment zog er seinen Gürtel von der Hose und schlug zu. »Kinder, die ihren Eltern nicht gehorchen, sind ein Gräuel für Jehova. Wisst ihr denn nicht, wie wichtig Gehorsam in seinen Augen ist? Habt ihr schon vergessen, was Eltern im Volk Israel mit ihrem Sohn machen mussten, wenn er widerspenstig war? Sie mussten ihn vor den Toren der Stadt zu den älteren Männern bringen und dann sollte er gesteinigt werden.[150] So wichtig ist Jehova der Gehorsam der Kinder. Ihr könnt froh und dankbar sein, dass wir heute nicht mehr unter dem Gesetz Mose stehen.« Mit solchen Ermahnungen schüchterte er seine Kinder immer wieder ein. Sie ahnten, dass er bestimmt nicht gezögert haben würde, auch selbst den ersten Stein zu werfen, wären die Zeiten andere gewesen. Zu was er fähig war, wussten sie aus wiederholter schmerz- und angstvoller Erfahrung.

Der Charakter des Vaters entsprach dem seines Gottes: grausam, tyrannisch, unbarmherzig, brutal, willkürlich und selbstherrlich, aber andererseits eifersüchtig, mimosenhaft, schnell beleidigt und gekränkt, wenn es um die eigenen Bedürfnisse nach Anerkennung, Zuwendung, Lob und so etwas wie Liebe ging. Was Liebe wirklich war, wusste er nicht, ja er konnte nicht einmal sich selbst lieben. Freunde hatte er nicht.

In gewisser Weise teilten seine Kinder das Schicksal typischer Pfarrers- oder Pastorenkinder vergangener Zeiten. Was immer sie dachten, sagten und taten, musste zur höheren Ehre Gottes gereichen. Unkeusche Gedanken oder gar Handlungen durften absolut nicht sein, Ungehorsam oder schlechtes Benehmen verdiente sofortige Bestrafung, um sie durch Züchtigung aus den Klauen des Teufels zu befreien. Was sie tief im Inneren fühlten, war nebensächlich; was zählte, waren Gehorsam, Gottesfurcht, Glauben und Pflichterfüllung.

Selbstentfremdung durch Kultur

Eigene Bedürfnisse konnten nur berücksichtigt werden, wenn ihnen nicht die Pflicht, der Glaube oder der Gehorsam gegenüber elterlichen Verdikten entgegenstanden. War dies aber der Fall, konnten durchaus auch elementare Bedürfnisse verboten und etwa das Aufsuchen des WCs während der zweistündigen Bibelstunde untersagt werden. Damit die Kinder dort artig stillsaßen, drohte ihnen der Vater schon vorher empfindliche Strafen an, sollten sie sich im Saal nicht ordentlich benehmen. Dazu gehörte es, möglichst bewegungslos auf dem Stuhl sitzen zu bleiben und den Kopf nicht zu sehr nach links, rechts oder gar nach hinten zu drehen. Rutschte eines der Kinder auf dem Stuhl dann doch häufiger, als es eine bestimmte Toleranzschwelle der Mutter zuließ, hin und her, bohrte sie, die eine Stuhlreihe hinter ihnen saß, ihren Finger in seine Seite. So lernte der Nachwuchs nach und nach, was es heißt, Kinder eines Ältesten zu sein.

Das Wichtigste war, dass keine Schmach auf Jehovas Namen gebracht wurde. Die Möglichkeiten, dass dies doch geschah, waren ungezählt und oft ungeahnt: das oben erwähnte schlechte Benehmen, schlechte Noten in der Schule, falsche Freunde, unrechte Begierden, Faulheit, Feigheit (sich in der Schule oder anderswo zum Glauben zu bekennen), unvorbereitet in die Bibelstunde zu gehen, sich dort nicht oder zu wenig an den Wortmeldungen im Frage-Antwort-Spiel zu beteiligen. Es kam auch einer Katastrophe gleich, wenn sogenannte Außenstehende, also Nicht-Zeugen-Jehovas, Grund zur Klage gegen die Kinder hatten. Das war eine ganz große Schmach, denn auch Kinder hatten die Pflicht, stets und überall vorbildlich zu sein, besonders aber Kinder eines Ältesten.

Die Mahnung, stets daran zu denken, Kinder eines Ältesten zu sein, war eine sehr wirksame Methode, sie gehorsam zu halten. Nun standen sie gewissermaßen im doppelten Rampenlicht. Den einen Leuchter hatte ihr Vater auf sie gerichtet, den anderen hielt Gott in der Hand. Es gab Momente, in denen sie sicher waren, dass der Vater nicht sah, was sie taten, und nicht hörte, was sie sprachen. Aber bei Gott war nichts zu machen. Er war immer da, stand direkt neben ihnen und sah und hörte, was geschah. Er drohte gleichsam unablässig, sie für alles, was sie gegen seinen Willen und sein Gebot und dasjenige ihres Vaters dachten, sagten und taten, zur Verantwortung zu ziehen. Ihm konnte man nichts vormachen, und man entging seinem prüfenden Blick nie.

Die Allgegenwart Gottes und die Allmacht des Vaters schüchterten ein, waren bedrohlich und angsteinflößend. Angst ist auch das Gefühl, das bei einigen der heute erwachsenen Kinder noch immer auftaucht, wenn sie an ihre Kindheit denken. Dem Vater waren sie schutzlos ausgeliefert, seinem Zorn, der sich gewalttätig entlud, konnte niemand entrinnen. So müsste sich die böse, gottlose Menschheit fühlen, wenn Gottes Jüngster Tag anbrechen würde. Man konnte es sich ausmalen, wie die Menschen in Furcht, Zittern und nackte Angst gerieten, wenn Gott »die Nationen mit eisernem Zepter zerschmettern« würde.[151] Jedes Mal, wenn der Vater zuschlug, hatten die Kinder davon einen kleinen Vorgeschmack.

Kinder eines gottesfürchtigen Geistlichen zu sein, war kein Vergnügen. In seiner Gegenwart gab es kein entspanntes Dasein. Oft verließen die Kinder scheinbar beiläufig wegen irgendwelcher vorgeblich dringender Dinge nach und nach den Raum, wenn der Vater ihn betrat. Dabei achteten sie, auch ohne sich gegenseitig noch irgendwelche geheimen Zeichen geben zu müssen, intuitiv darauf, die Abstände, in denen sie nacheinander einzeln aus dem Zimmer traten, so zu wählen, dass es, so glaubten sie, wie reiner Zufall aussah. Natürlich entging die Taktik seinem wachen und stets misstrauischen Verstand nicht. Die Antwort folgte, wenngleich mit zeitlicher Verzögerung. Dann erlaubte er plötzlich nicht mehr, dass sie zum Beispiel bei der Heuernte des bäuerlichen Nachbarn halfen, etwas, das ihnen großes Vergnügen machte. Dieser Nachbar ging mit ihnen kameradschaftlich um, dankte ihnen für die Hilfe und lobte sie für ihre Tüchtigkeit.

Ob seine Kinder zu Gott ein persönliches Verhältnis aufbauen konnten, war ihrem Vater nicht wichtig; er selbst besaß auch keines. Was zählte, war ihr Gehorsam und das prompte Ausführen seiner

Befehle. Jedes Zaudern, jeden Hauch von Unwillen ahndete er sofort, meist genügte ein nochmaliger Blick, und der Befehl wurde ausgeführt. Was die Kinder empfanden, wer sie wirklich waren, ob und welche Talente in ihnen schlummerten, all das war unwichtig im Vergleich zu dem Bild, das er von seiner Familie vor den Glaubensgenossen und aller Welt darzustellen wünschte. Diesem Bild wurde alles andere, wurden seine Kinder und deren ganzes Sein unterworfen. Niemand durfte aus dem engen Rahmen fallen, jede noch so geringfügige Abweichung wurde geahndet, eigene Wünsche zählten nicht.

Heilig hatten sie zu sein, gehorsam und besser als die weltlichen[152] Altersgenossen. Man war etwas Besonderes, und entsprechend hatte man sich zu verhalten. (In der ungläubigen Verwandtschaft war die Familie des Ältesten als Elite verschrien. Das hat eine Tante einem der Kinder Jahrzehnte später enthüllt.) Gottesfürchtig war der Vater, gottesfürchtig sollten seine Kinder sein, auch wenn dazu Gewalt nötig war. Gott selbst gebrauchte Gewalt gegenüber seinem erwählten Volk, und dem Vater hatte Gott die ganze Gewalt über seine Familie gegeben. Stand nicht in der Heiligen Schrift, wie die gottgefällige Hierarchie zu gestalten war? Zuerst kommt Gott, dann sein Sohn, der Christus. Und der Christus war zugleich Haupt der Kirche[153] und Haupt des Familienvaters. Dieser war Haupt über die Frau[154] und beide zusammen Haupt über die Kinder. So war es von Gott gedacht, so war die gottgemachte, natürliche Ordnung. Niemandem stand das Recht zu, daran zu zweifeln, geschweige denn dagegen aufzubegehren.

Als Gemeindevorstand, als Ältester der Versammlung wollte und musste der Vater sichtbares Vorbild für andere sein. Von anderen dafür gelobt zu werden, wie »artig die lieben Kinderchen« dasitzen – »wie die Orgelpfeifen« – und wie wohlerzogen sie doch sind, bedeutete ihm unendlich viel. Dann schwoll seine Brust vor Stolz sichtbar an. Und wie niederschmetternd war es für ihn, wenn jemand Klage gegen eines der Kinder führte! Das war unerträglich für ihn, eine Schmach, von der er sich restlos befreien musste. Er konnte nicht dulden, dass sein guter Ruf durch das Fehlverhalten eines Kindes getrübt wurde. Es war wie ein schwarzer Fleck auf blütenweißer Weste, peinlich, beschämend und – angsteinflößend. Angst machte es vor allem, weil einem Ältesten durchaus seine Eignung aberkannt werden konnte, wenn es ihm nicht gelang, Frau und Kinder ›unterwürfig zu halten‹.

Es gab Älteste, die von sich aus das Amt zur Verfügung stellten. Sie fühlten die Verantwortung, erkannten, dass sie ihr nicht länger gewachsen waren, und baten um Dispens. Wenn sie schließlich entbunden waren, fühlten sie Erleichterung und freuten sich. Nicht so dieser Älteste. Sein Ego brauchte Titel, Namen, Ansehen, gehobene Stellung, Ruhm, Ehre, Lob. Der Verlust des Amtes bedeutete den schmerzlichen Verzicht all dessen, was er am dringlichsten benötigte. Die bloße Vorstellung, sein Amt wegen des Ungehorsams eines der Kinder aufgeben zu müssen, verursachte ihm so viel Unbehagen, dass er die nicht reflektierte Frustration seiner eigenen Kindheit nun mit voller Wucht an seinen Kindern und besonders an dem rebellisch gewordenen Kind ausließ. Schuld an der hemmungslosen Prügelei war aber nicht die unverarbeitete Frustration des Vaters aus seiner eigenen Zeit der Ohnmacht gegenüber seinem übermächtigen Vater, sondern die rebellische Haltung seiner Kinder, die durch den Akt des Ungehorsams die göttliche Ordnung anzweifelten und in Gefahr zu bringen drohten. »So rebellisch, wie Satan gegenüber Jehova war, seid ihr es. Ihr seid echte Kinder des Teufels, immer macht ihr mir und Jehova Kummer.« Oder: »Gehorsame Kinder liebt Jehova, nicht solche ungezogenen und rebellischen, wie ihr es seid. Würdet ihr tun, was man euch sagt, müssten wir uns nicht immer wieder über euch ärgern. Ihr seid es, die uns solchen Kummer machen.« Seine (stets unterwürfige) Frau pflichtete ihm bei: »Könnt ihr nicht einfach gehorchen? Muss es immer erst so weit kommen, dass sich euer Vater über euch so ärgern muss? Seht, was ihr damit anrichtet.«

Man erkennt deutlich den Zusammenhang zwischen Persönlichkeit und Gottesbild. Der Gott dieses Vaters entsprach ganz seinem Persönlichkeitsmuster. So wie er war, war sein Gott. Worauf er besonderen Wert legte, das prägte auch in hohem Maße die Persönlichkeit seines Gottes. Sein Gott forderte gehorsame, unterwürfige und sich selbst verleugnende, sich überwindende Anbeter, so wie er besonderen Nachdruck auf den Gehorsam, die Unterwürfigkeit und die Selbstvergessenheit seiner Frau und der Kinder legte. Er strafte mit strapazierfähigem Ledergürtel[155] und starkem Kochlöffel in rasender Wut; sein Gott rottete ganze Völker in seinem Grimm aus, wenn sein gerechter Zorn über sie das Todesurteil gesprochen hatte.[156]

Die geeignete Theologie lieferte ihm zum Teil die Glaubenslehre der *Wachtturm-Gesellschaft*. Tatsächlich zeichneten die Zeugen Jehovas in früheren Zeiten etwas stärker als heute das Bild des gerecht richtenden und strafenden Gottes (Jehova), der in alttestamentarischer Zeit selbst sein eigenes Volk nicht schonte, wenn es ungehorsam wurde und ihn zu verlassen drohte.[157] Viele der Individuen, die diese Gemeinschaft bilden, waren in ähnlicher Weise mit den Vorstellungen und Methoden der Schwarzen Pädagogik groß geworden und hatten die Traumen ihrer eigenen Kindheit verdrängt oder sogar vergessen. Daher waren auch sie dazu verurteilt, die verdrängten Schmerzen der ohnmächtigen Kindheit nun endlich an die nächste ohnmächtige Generation weiterzugeben.

Nicht alle Zeugen Jehovas sind in gleicher Weise unbarmherzig, brutal, jähzornig und voller Willkür wie der oben geschilderte Vater. Es gibt jede denkbare Schattierung an Charakteren, wie sie überall in der menschlichen Gesellschaft anzutreffen sind, also auch sanfte Naturen, deren Gott ebenfalls vor allem liebevoll, barmherzig, sogar demütig und zum schnellen Vergeben bereit ist. Die einen wie die anderen schließen jeweils Freundschaften und bestätigen sich gegenseitig in ihrer Gottesvorstellung. Mitunter liefern sie sich in den Wortmeldungen der sonntäglichen Frage-und-Antwort-Bibelstunden kleinere Scharmützel darüber, welcher Jehova denn der wahre sei. Ich erinnere mich noch gut, dass ich bisweilen an solchen Scharmützeln selbst beteiligt war.

Beide Gottesbilder finden sowohl in den Schriften der *Wachtturm-Gesellschaft* als auch in der Bibel ihre wortwörtliche Entsprechung. Die Bibel ist in dieser Beziehung ein Gemischtwarenladen, aus dem jeder Gläubige ganz nach Belieben und Prädisposition das für sich herauslesen kann, was seinem persönlichen Gottesbild entspricht. Es gibt tatsächlich den richtenden und grausam strafenden Gott Jahwe, den Gott des Alten Testaments, der seinem Volk besonders bei der Eroberung des Heiligen Landes den Befehl gab, es seinem Auge nicht leid tun zu lassen, wenn es Greis, Frau, Mann und Kind sowie das Vieh der zu vertreibenden oder nachträglich zu bestrafenden Völker hinschlachtete.[158] Selbst vor den eigenen Blutsbrüdern sollte ein rechtgläubiger Israelit nicht zurückweichen, wenn diese sich der schlimmsten Sünde schuldig gemacht hatten: anderen Göttern zu folgen und diese anzubeten.[159] Heutigen Kirchgängern sind solche brutalen Bibelpassagen unangenehm, und studierte Theologen bemühen sich sehr, die entsprechenden Texte symbolisch oder metaphorisch zu deuten oder sie in ihren ›historischen‹ Zusammenhang zu stellen und damit zu entschärfen. Vielleicht haben sie damit sogar recht, denn wörtlich genommen können solche Passagen sehr viel Unheil anrichten.

Andererseits gibt es im selben Alten Testament Texte voller Anmut, Sanftheit, Liebe und göttlichem Wohlwollen, sodass Gläubige mit entsprechender Persönlichkeit darauf ansprechen und sie hervorheben. Beide Fraktionen finden so ihre jeweilige Sichtweise bestätigt. Und beide finden in der Glaubensgemeinschaft der Zeugen Jehovas den geistlichen Widerhall, der zu ihnen passt. Zusammengehalten wird diese Gemeinschaft durch die Überzeugung, dass die Bibel in allem recht hat und die absolute Wahrheit enthält. Dies ist gewissermaßen eine erste Klammer des Zusammenhalts dieser Gemeinschaft.

Die Moralvorstellungen und die harte Sanktionierung ihrer Verletzung bilden die zweite Klammer, die die Gemeinschaft verbindet. Jeder einzelne Zeuge Jehovas ist von der Richtigkeit und universellen

Gültigkeit der biblischen Gebote besonders in Fragen der Sexualität überzeugt. Wenn das Beieinanderliegen zweier Männer mit dem Tod bestraft werden soll, weil so etwas abscheulich ist,[160] dann glaubt jeder Zeuge Jehovas an das dem Menschen überlegene Moralgesetz Gottes und stimmt ihm prinzipiell zu. Die grausame Todesstrafe bejahen diese Gläubigen, wenn Gott sie vollstreckt. Wenn Ehescheidung nicht sein soll, außer im Fall der Untreue mindestens eines der beiden Partner[161], oder wenn Glaube sich nicht mit Unglauben vermählen soll[162], dann gelten diese Regeln verbindlich und aus Überzeugung für jeden Einzelnen.

Prüde Moral und verklemmte Sexualität sind älter als diese Glaubensgemeinschaft und wurden nicht nur dort von Generation zu Generation weitergegeben. Wer zum Beispiel die *Bekenntnisse* des Kirchenvaters Augustinus liest, erhält rasch einen Einblick in das zweitausend Jahre alte Denken der Kirche. Es offenbart ein gestörtes Verhältnis dualistisch[163] Gläubiger sowohl zu ihrem Körper als auch zu ihrer eigenen Sexualität. Diese pathologische Sichtweise hat die Kirche bis heute nicht überwunden.

In der Ablehnung des von einer göttlich festgelegten, natürlichen Ordnung Abweichenden sind sich die Gläubigen der Zeugen Jehovas einig. Die weit verbreitete Promiskuität ist für diese Frommen ein besonders beklagenswertes Ärgernis – Zeichen einer durch und durch verdorbenen, vom Teufel beherrschten Welt. Der Gegenspieler Gottes, der Widersacher, Lügner und Menschenverführer, tobt sich besonders auf diesem Gebiet irdisch-materieller Bedürfnisse aus. Dass die *Wachtturm-Gesellschaft* einen Großteil ihrer Maßregelungs-Richtlinien für Älteste[164] dem Gebiet der fleischlichen Sünden einräumt und diese ebenso akribisch beschreibt wie im Detail sanktioniert, entspricht ganz den voyeuristischen Bedürfnissen ihrer Mitglieder. Besonders die ausschließlich männlichen Funktionäre ergehen sich dann auch detailverliebt in den Befragungen derjenigen Mitglieder, deren Verfehlungen auf diesem Gebiet liegen und bekannt geworden sind. Ganz genau wollen sie es dann wissen, wenn zum Beispiel zwei Jungs aus mediterranem Kulturkreis in ihrem Appartement in einer der *Wachtturm*-Zentralen gemeinsam in einem Bett lagen und nun behaupten, sie hätten wie Brüder und gute Freunde ihre Gedanken ausgetauscht. »War dein Glied steif?« und: »Ist Samenflüssigkeit ausgetreten?«, das waren die Fragen, die die beiden ahnungslosen Freunde, die sich seit Kindertagen kannten, sich nun zu beantworten genötigt sahen. So jedenfalls hat es einer der beiden unmittelbar nach seiner Vernehmung durch das Tribunal berichtet. Und dabei rang er die ganze Zeit um Fassung, so sehr hatte ihn das Vorkommnis im Innern erschüttert. Denunziert worden waren sie! Und zwar vom dritten Zimmergenossen, einem Deutschen, dem die kulturellen und familiären Gepflogenheiten des Mezzogiorno vollkommen unbekannt waren.

Das Verhalten der beschuldigenden Personen entspricht spiegelbildlich dem, was in dieser Betrachtung schon angesprochen wurde: den Methoden und der inneren Haltung, wie wir sie am Beispiel der Apologeten der Schwarzen Pädagogik aus dem 18. und 19. Jahrhundert kennenlernen konnten, die besonderen Wert auf die Kontrolle der kindlichen und jugendlichen Sexualität legten und hierbei mit Akribie und Raffinesse vorgingen. Nach Alice Miller[165] bekämpft der Erwachsene bei dem Kind genau diejenigen Äußerungen des Lebendigen, die einst bei ihm selbst, als er in der kindlich-wehrlosen Rolle war, durch die seinerzeit übermächtigen Eltern bekämpft und unterdrückt worden waren. Besondere Sorgfalt galt und gilt noch immer dem Sexualtrieb, der ja, wie man weiß, beim Heranwachsenden seine erste unmittelbare und starke Blüte erlebt.

In der Vehemenz unterscheiden sich die Schwarzen Pädagogen nicht von den Kirchenvätern und diese nicht von den Mitgliedern der Moraltribunale der Zeugen Jehovas. Die Charakteristik der handelnden Personen mit ihren unterdrückten, tief sitzenden Sehnsüchten und dunklen Begierden und des repressiven Vorgehens gegen die (meist) jugendlichen Sünder ist ein und dieselbe.

Man kann also sagen, dass christlich-konservative Gemeinschaften in Bezug auf die moralische Überlegenheitsattitüde und den verdrängenden Selbstbetrug ihrer Mitglieder kaum voneinander zu unterscheiden sind. Mit anderen Worten: Die Zeugen Jehovas sind in dieser Hinsicht nichts Besonderes, auch wenn sowohl ihre Mitglieder als auch die Aussteiger dies gern meinen.

Schließlich gibt es noch ein weiteres verbindendes Moment, wenn man so will, die dritte Klammer: die starke Abneigung gegenüber Abweichlern. Die Bibel enthält aus Sicht der Zeugen Jehovas die ganze Wahrheit – wir hatten es bereits angerissen. Alles, was der Glaubende für sein Weltbild wissen muss, steht in dem antiken Buch. Sowohl naturwissenschaftliche Erkenntnisse als auch Fragen der persönlichen Lebensführung und der ethischen Grundausstattung werden dort umfassend und erschöpfend behandelt. Dort, wo Erklärungs- oder Deutungsbedarf besteht, weil die Bibel dazu entweder keine oder undeutliche Aussagen macht, schafft die geistliche Führung Abhilfe. Dies tut sie für alle Mitglieder weltweit verbindlich. Niemand ist berechtigt, andere Erklärungen unter den Mitgliedern in Umlauf zu setzen als die durch das geistliche Gremium herausgegebenen. Tut es dennoch jemand, droht ihm das Glaubensgericht, das, ebenso wie das Moraltribunal, aus drei Ältesten besteht.[166] In der Vernehmung wird der Glaubensstraftäter auf Herz und Nieren geprüft, um herauszufinden, ob er lediglich glaubensschwach geworden ist oder wissentlich und willentlich gegen das Verdikt der Linientreue verstoßen hat oder fortwährend verstößt. Ist Letzteres der Fall, wird er ermahnt, nicht über das Geschriebene[167] hinauszugehen. Bleibt er bei seinem Glaubensungehorsam, wird er der Lüge und der Häresie beschuldigt und zur Strafe aus der Gemeinschaft verstoßen. Ist dies jedoch nicht das erste Mal, dass der notorische Selbstdenker unangenehm auffällt, steht, je nach Zusammensetzung des Dreiergespanns zu Gericht, das Urteil schon fest, bevor die Vernehmung stattgefunden hat. Dann geht es lediglich noch darum, die Form zu wahren und festzustellen, welchen Grad die Rebellion des Gedankenverbrechers bereits erreicht hat. Und kann man ihm zudem eine direkte Beleidigung des Gremiums entlocken, ist der

Weg frei, ihn satzungsgemäß als reuelosen Sünder zu verurteilen und auszuschließen.

Die Homogenität der Gruppe steht über den Interessen des Einzelnen – eine Erkenntnis, so alt wie die Menschheit. In der Verunglimpfung und Herabsetzung der Häretiker, der Gedankenabweichler und Ketzer, liefert die römische Kirche wortgewaltige Vorbilder. An Tertullians *Prozeßeinreden gegen die Häretiker* kann man die innere geistige Haltung rechtgläubiger Menschen erkennen. Es geht ihnen nicht darum, gewonnene Erkenntnisse zu begründen, sie zu erweitern oder gar zu widerlegen, sondern allein um Selbstbestätigung dessen, was sie einmal als endgültige Glaubenswahrheit angenommen haben. Wer dennoch weiter Fragen stellt und nach Erkenntnis sucht, ist suspekt und kann keine lauteren Absichten haben. Tertullian rät den Christen auch, den angeblich Suchenden nicht über den Weg zu trauen, denn in Wahrheit wissen diese schon alles und wollen die Gläubigen lediglich in ihrer eigenen Lehre unterweisen. Da sie die Heilige Schrift sehr gut kennen, wissen sie durchaus mehr als ein einfacher Gläubiger. Der Glaubende aber soll nicht mehr Wissen erstreben, denn was er wissen muss, um zu glauben, weiß er bereits.[168]

So gewinnt man Einheit im Geist. So hat es die Kirche über Jahrhunderte praktiziert, während die Ketzer und Abweichler verdammt und je nach Machtfülle der kirchlichen Würdenträger auch physisch vernichtet wurden. Heute gibt sich die Kirche liberal, aufgeklärt und im Einklang mit dem – anfangs gegen ihren erklärten Willen – stetig umfangreicher gewordenen Wissen.

Fundamentalistische Glaubensgemeinschaften, wie die Zeugen Jehovas, sind in ihrer Haltung zur Weisheit der Welt gewissermaßen in der Antike des Tertullian stehengeblieben und verweigern sich neuen Einsichten, besonders wenn diese ihren engen moralischen Vorstellungen widersprechen. Geht es allgemein um wissenschaftliche Erkenntnisse, offenbaren sie tertullianisches Denken: »Die Wißbegierde weiche dem Glauben, die Ruhmsucht weiche dem Seelenheil!« und: »Nichts gegen die Glaubensregel wissen, heißt alles wissen.«[169] Alles, was dem biblischen Wissen widerspricht, ist falsch und stammt in letzter Konsequenz vom Teufel, der die Gläubigen von Gott wegführen möchte. Alles, was biblisches Wissen unterstützt, ist willkommen. So stellen zum Beispiel Evolutionsbiologen ihre Ruhmsucht über die Erkenntnis Gottes. Indem sie behaupten, der Mensch sei nicht Krone und Abschluss der Schöpfung, sondern habe mit den Primaten, den Menschenaffen, gemeinsame Vorfahren, entweihen sie Gottes Schöpfung und widersprechen der himmlischen Weisheit, die besagt, dass Gott »jedes [Tier] nach seiner Art«[170] erschaffen habe. Indem sie Gottes Schöpfung entweihen, stellen sie ihre Weisheit über diejenige Gottes – ein Frevel, der in ihrem ruhmsüchtigen, vom Satan verdorbenen Herzen wurzelt.

In dieser bibeltreuen Grundhaltung, in diesem zirkulären, auf die Vergangenheit religiöser Vormachtstellung gerichteten Denken[171] sind alle Zeugen Jehovas gefangen und unterscheiden sich damit überhaupt nicht von den frommen Christen im sogenannten Bible-Belt der USA und übrigens auch nicht von den Überzeugungen vieler Menschen in der muslimischen Welt.

Mag auch so mancher vergleichsweise liberale Gläubige in einigen Fragen der persönlichen Lebensgestaltung Ansichten haben, die dem Geschmack der anderen, meist etwas altmodisch eingestellten Glaubensgenossen nicht behagen, so stimmt jedoch derselbe liberale Zeuge Jehovas unumschränkt zu, wenn ein Mitbruder wegen Verstoßes gegen Lehre oder Sexualmoral exkommuniziert wird. Ist dieser in Modefragen fortschrittliche Zeuge Jehovas selbst Ältester und amtiert er als Richter hin und wieder in einer der Strafverhandlungen gegen einen sogenannten Missetäter, wird er in jedem Fall die Mehrheitsentscheidung des Gremiums mittragen. Denn als aktives und regelmäßig missionierendes Mitglied in führender Funktion zeigt er für andere deutlich sichtbar, dass er die Lehren der *Wachtturm-Gesellschaft* glaubt, sie bejaht und voller Überzeugung lebt. Sie passen zu seiner Persönlichkeit, entsprechen seinem eigenen Weltbild und seiner Neigung, sich moralisch besser zu wähnen als diese verderbte, satanische Welt. Die Vorstellung, etwas Besseres, ja die Elite der Welt zu sein, schafft ein starkes Band der Gruppenidentität. Zu wissen, dass man zum erwählten Teil der Menschheit gehört, herausgehoben ist aus dem Sumpf der Schlechtigkeiten dieser bösen Welt, stärkt das Selbst jedes Zeugen Jehovas. Mag im Berufsleben der Aufstieg aus vielerlei Gründen nicht gelingen oder mögen die eigenen geistigen Ressourcen vergleichsweise bescheiden bemessen sein – als Angehöriger der Weltelite braucht man sich darüber nicht zu grämen, denn »die Weisheit der Welt ist Torheit bei Gott«, so hat es sinngemäß Tertullian vor annähernd 2.000 Jahren formuliert, als er sich auf ein Pauluswort stützte.[172]

Jeder aktive Zeuge Jehovas zeigt durch seine Mitgliedschaft, dass er die Lehren der Gemeinschaft glaubt, sie bejaht, mitträgt und eigenverantwortlich lebt. Die Gläubigen der Zeugen Jehovas sind nicht willenlos gemachte Zombies, wie einige Aussteiger irrtümlich meinen. Sie sind nicht Opfer einer manipulatorischen, raffiniert subtil agierenden, zynischen Machtelite, die ihre Leichtgläubigkeit schamlos zum eigenen Vorteil ausnutzt. Was sie verbindet, ist ihre vor allem durch die Erziehungsmethoden ihrer eigenen Eltern mitgeformte Persönlichkeitsstruktur, die sie für bestimmte Botschaften empfänglich macht. Sie eint ihre rückwärts gerichtete Moral, ihre naive Vorstellung einer gottgemachten Schöpfung, ihre selektive Wahrnehmung, das Ausblenden unliebsamer wissenschaftlicher Erkenntnisse und eine gewisse arrogante Grundhaltung gegenüber den übrigen Menschen, die ihre Glaubensansichten nicht teilen oder gar ablehnen.

Aber auch hierin bilden sie keine Ausnahme, sind sie nichts Besonderes, denn diese innere Verfasstheit teilen sie mit Millionen von Gläubigen auf der ganzen Welt. Diese Glaubenden verbindet ihr konservatives, streng religiöses Elternhaus sowie die Geisteshaltung und die Methoden, in und mit denen sie alle selbst erzogen wurden und die sie unreflektiert an ihre Kinder weiterreichen.

Islam

Das Menschenbild des Islam hatten wir oben bereits betrachtet und dabei festgestellt, in welcher Weise das individuelle Glaubensverständnis von Eltern die Art und Weise beeinflusst, in der ihre Kinder auf ihre Mitmenschen schauen.

Versucht man, das Gottesbild muslimischer Gläubiger zu beschreiben, gewinnt man leicht den Eindruck, es dabei eher mit einem Phantom zu tun zu bekommen als mit greifbaren oder allgemeingültigen Aussagen. Grob vereinfacht lässt sich sagen, dass Allah uneingeschränkter Beherrscher der Gläubigen, allmächtiger Schöpfer und unantastbare oberste moralische Instanz in allen Lebensfragen ist. Der Versuch, die Eigenschaften oder Charaktermerkmale des Gottes der Muslime eindeutig zu beschreiben, schlägt jedoch fehl. Hier gilt die Regel: so viele Gläubige, so viele Einzelausgaben des Einzigen. Selbst Islamexperten geraten bei dem Versuch, ein einheitliches Bild des Allmächtigen zu zeichnen, in einen Streit um Worte, Bedeutungen oder die richtige Auslegung der heiligen Texte. Schaut man genauer auf diese Auslegungen, kann man recht gut erkennen, in welche familiären Gegebenheiten die streitenden Protagonisten hineingeboren wurden und wie das religiöse Umfeld beschaffen war, in dem sie aufwuchsen. Ich komme gleich darauf zurück.

Generell lässt sich festhalten, dass es in der muslimischen Glaubenswelt weniger um ein Gottesbild geht, dafür weit häufiger um »Politik, Herrschaft und Spiel mit der Identität«.[173] Wie immer sich der einzelne Gläubige seinen Gott konkret vorstellen mag, so entkommt er doch nicht den Vorstellungen der *Umma*, der Gemeinde der Gläubigen. Sie wird hauptsächlich durch überlieferte und seit Jahrhunderten gelebte Traditionen zusammengehalten und gewinnt daraus ihr oft ostentativ zur Schau getragenes Selbstbewusstsein.

In den Anfängen des Islam existierte vorübergehend die Vorstellung, der Gläubige, Mohammed, dürfe in eine direkte Beziehung zu seinem Gott treten, »ohne Vermittlung eines Priesters, einer Institution«. Und weiter:

> »[Diese] Eingebung, [...] war revolutionär. [Die] ›göttliche Sekunde‹, die das Einssein mit Allah als Ekstase und rein individuelle Erleuchtung erleben ließ, rief aber selbst in Mohammeds naher Verwandtschaft Verunsicherung hervor und stieß in der mekkanischen Gesellschaft auf Ablehnung. Denn damit tauchte in der kollektiv organisierten Stammesgesellschaft so etwas wie ein ›Individuum‹ auf, der allein Gott verantwortliche Einzelne, dem sein Glaube Tugenden wie Demut und Dankbarkeit abverlangt. Diese Vorstellung einer individuellen Verantwortung fand keinen Widerhall, ja sie wurde noch in Mekka geradezu in ihr Gegenteil verkehrt, wenn Mohammed im Koran die Menschen als triebhaft und böse erscheinen lässt und Furcht vor dem Einzigen verbreitet.«[174]

Diese Ambivalenz ist gewissermaßen Wesenskern des Islam. Man betont gern, dass der Gläubige im Gebet direkt zu Gott sprechen kann, also keines Fürsprechers bedarf; andererseits aber scheinen viele Muslime eine Scheu davor zu haben, aus ihrem individuellen Gottesglauben auch für sich das Recht abzuleiten, ihr Verhältnis zu Gott eigenständig und selbstverantwortlich zu gestalten. Zu dominant kam bereits in den Gründungsjahren des Islam die *Umma*, das religiöse ›Staatsgebiet‹ aller Gläubigen, ins Spiel und schob sich durch den Koran, die *Sunna* und die *Hadithe*[175] zwischen den Gläubigen und seinen Gott. Fortan kam es weniger auf das Gottesbild und das persönliche Verhältnis des Gläubigen zu seinem Gott an, sondern auf das, was der Tradition zufolge Allah dem Propheten mitgeteilt oder was der Prophet in dieser oder jener Lebenssituation vorbildhaft gesagt oder getan hat.

Nicht der Gläubige entscheidet, in welcher Weise er sich wann seinem Gott nähert, um Rat oder Beistand zu erflehen, sondern einzig »der Koran [ist] erste und letzte autoritative Quelle [des Gotteswortes], und die Hadithe sind der für den Gläubigen richtige Weg, sich Gottes Willen zu nähern. Denn im Islam geht es nicht um Gotteserkenntnis, sondern um bedingungslose Hingabe und die Unterwerfung unter Allahs Willen [...]«.[176] Die rechte Auslegung des Gotteswortes erfährt der Gläubige daher auch nicht im trauten Zwiegespräch mit dem Höchsten, sondern in der Moschee, wo heilige Männer – Imame und Korangelehrte – diese verantwortungsvolle Aufgabe übernehmen. Der Gläubige soll die Belehrungen entgegennehmen und sich den durch die weisen Männer verkündeten göttlichen Weisheiten und Anweisungen ohne Widerspruch fügen. Auf diese Weise verblasst die Notwendigkeit, sich über Wesen und Eigenschaften Gottes ein Bild zu machen. Auch Glaube im tieferen, spirituellen Sinn verliert an Bedeutung. Stattdessen werden Hingabe, Unterwerfung und Gehorsam des Gläubigen die alles bestimmenden Merkmale eines gottgefälligen Lebens. Die Gemeinschaft gewinnt an überragender Bedeutung, während Gott in seiner Persönlichkeitsstruktur gleichsam hinter einem Schleier des Ungefähren, Abstrakten zurücktritt.

Dies ist der Zustand einer Weltreligion, wie sie uns heute begegnet. In ihr sind die Gläubigen zusammengeschweißt zu einer religiösen und kulturellen Einheit, die den Anfeindungen der Außenwelt widersteht. Der Einzelne weiß sich darin geborgen und darf sich stark und unangreifbar wähnen. Wir gegen die, die gegen uns, so empfinden es viele Muslime, die durch Not, Krieg und Zerstörung ihrer Lebensgrundlagen gezwungen wurden, sich eine neue Bleibe zu suchen. Viele sind in den letzten Jahren in Europa und Deutschland angekommen. Aber auch sehr viele derjenigen, die vor Jahrzehnten als Gastarbeiter kamen und inzwischen Kinder und Enkel haben, fühlen sich in Europa, dem Westen, nicht heimisch. Zu weit auseinander liegen die Lebenswelten, zu sehr unterscheiden sich westliche Freiheit, Individualismus, persönliche Verantwortung, Emanzipation und demokratische Streitkultur von Familiensinn, Ehre, Respekt, Gastfreundschaft, Gehorsam und der Furcht, Allah oder der Umma zu missfallen.

Freilich haben nicht alle Zugewanderten aus den islamischen Ländern das gleiche Maß an Schwierigkeiten, sich der westlichen Demokratie anzupassen – aber es sind doch sehr viele, wie Ahmad Mansour, Necla Kelek, Seyran Ateş, Professor Mouhanad Khorchide und Hamed Abdel-Samad in ihren Veröffentlichungen eindrucksvoll belegen. Einige Beispiele aus dem konkreten Leben von Migranten in der Fremde sollen nachfolgend betrachtet werden.

Kehren wir jedoch zuvor noch einmal zum oben angerissenen Phänomen des schwer zu fassenden Gottesbildes im Islam zurück.

Allah, der Allerbarmer oder der strafende Buchhalter?

Welches Bild Gottes, welche Persönlichkeitsbeschreibung ist die richtige: Allah, der verzeiht und sogar andere Wesen erschaffen würde, die sündigen, damit er ihnen in seiner überbordenden Liebe immer wieder verzeihen kann – falls sich herausgestellt haben sollte, dass das Menschengeschlecht nicht sündigte[177] –, oder jenes Bild Gottes, das besagt, man solle sich vor allem davor fürchten, Allah zu missfallen, da seine Rache und die Bestrafungen ewiglich und furchtbar wären?

Beide Sichtweisen finden in den heiligen Schriften ihre Bestätigung. Der Sünde verzeihende, sich barmherzig gebende Allah ist in den Koranversen ebenso präsent wie der die Sünder, die Ungläubigen und die Feinde bestrafende Gott, vor dessen Zorn sich Gläubige und Ungläubige fürchten sollten. Im obigen Kapitel, »Menschenbilder – Islam«, sind uns die unterschiedlichen Koranverse bereits begegnet.

Welcher Allah ist der richtige, welcher eine Fälschung? Die Beantwortung dieser Frage hängt davon ab, wie intensiv sich der einzelne Gläubige mit den Inhalten seiner Religion befasst hat, wie umfangreich sein Wissen über den Koran, die Hadithe und die Sunna ist, und wie gut er ihre Entstehungsgeschichte kennt.

Oben ist bereits zur Sprache gekommen, dass selbst ausgewiesene Experten sich in der Beurteilung und Gewichtung der widersprüchlichen Charakterisierungen des islamischen Gottes in dem Maß unterscheiden, wie sie selbst in der muslimischen Glaubenswelt – in der es ja wesentlich stärker um gelebte Traditionen als um echte Gotteserkenntnis oder -erfahrung geht – sozialisiert wurden.

Die Biografie entscheidet

Wer in einem vergleichsweise liberalen Umfeld eines weitgehend säkular ausgerichteten Staates wie dem Libanon aufwächst, der lernt eine Glaubenswelt kennen, die kaum dogmatisch und weniger streng oder unerbittlich ist, sondern die stattdessen viel Raum zur freien Entfaltung der Persönlichkeit lässt. Wenn die muslimischen Großeltern bei der Einschulung ihres Sohnes hauptsächlich auf die Qualität der Bildung achten und weniger Wert auf die ›richtige‹ Konfession legen, und wenn dann die Entscheidung zugunsten einer christlichen Schule fällt, sind für den kommenden Enkel bereits bessere, weil freiere Grundlagen zu seiner Persönlichkeitsentwicklung gelegt. Berührungsängste mit anderen Religionen, Herkünften oder Ideen spielen in einer solchen Familie keine Rolle. Man lebt als sunnitische Muslime friedlich und konstruktiv mit Christen und Schiiten in der Nachbarschaft zusammen, selbst konfessionsübergreifende Hochzeiten stellen kein Problem dar.[178]

Es verwundert kaum, dass ein Islamgelehrter mit einem solchen Hintergrund vor allem die positiven Aspekte der Glaubensinhalte seiner Religion hervorhebt. Wer kindliches Urvertrauen in liebevolle, behutsame Eltern setzen konnte, wird selbst dann die Barmherzigkeit Allahs als die die heiligen Texte bestimmende, richtige Lesart zugrundelegen, wenn andere Stellen im Koran »Gewalt ansprechen oder mit Höllenfeuer drohen.«[179]

Solche Reformbemühungen gewissermaßen von innen heraus sind begrüßenswert und sollten von politischer Seite nach Kräften unterstützt werden. Wenn die Idee des Reformers Khorchide, den Islam

»Und der Mensch schuf Gott«

aus dem Blickwinkel der Barmherzigkeit Allahs zu gestalten, mehrheitsfähig wird, und wenn es in der Folge Gläubigen erlaubt ist, ihre Religion auch einer kritischen Prüfung zu unterziehen, ist viel für die Integration der Muslime gewonnen. Dafür wäre ihm jeglicher Erfolg zu wünschen.

Aussagen wie: »Islam ist Barmherzigkeit« oder: »Gott glaubt an den Menschen«[180] muten allerdings Außenstehenden oder kritischen Kennern der Materie etwas blauäugig oder allzu rosig an. Und tatsächlich bergen Positionen, die die Vorzüge des Allmächtigen und des Korans betonen, die Gefahr, das Trennende und Problematische der heiligen Texte oder auch der gelebten Glaubenspraxis auszublenden oder zu bagatellisieren.

Bei aller Wertschätzung, die ich dem friedenstiftenden Ansatz Professor Khorchides entgegenbringe – und dem ich von Herzen Ausdauer und Glück für diese Herkulesaufgabe wünsche –, bin ich dennoch skeptisch, ob dieser Reformversuch gelingen kann. Zu viel müsste ungesagt bleiben, und veritable Beeinträchtigungen, Gefährdungen oder gar Verletzungen der Rechte des Einzelnen durch Textauslegungen oder tradierte Glaubensrituale könnten tabuisiert bleiben. Was ich damit meine, möchte ich zu einem späteren Zeitpunkt ausführlich erörtern, denn auch in diesen heiklen Glaubensfragen bestehen deutliche Unterschiede in den Betrachtungen der Experten.

Dem friedlichen, harmonischen Familienglück des Einen steht der schwierige Start ins Leben des Anderen gegenüber. So sehr des Einen Gottesbild davon prägend beeinflusst wurde und er den friedlichen, weltoffenen Islam zum »Mainstreambild«[181] machen möchte, so wenig ist der Andere vom Gedeihen dieses lobenswerten Ansinnens überzeugt, obwohl er dem Reformer ausdrücklich jeden Erfolg wünscht.[182] Zu stark waren die Erlebnisse mit diesem ganz anderen Islam, unter dessen unerbittlichem Joch er aufzuwachsen gezwungen war.

Dieses Joch wurde Hamed Abdel-Samad[183] bereits in frühester Kindheit auferlegt. Als Sohn des Imams einer 20.000-Seelen-Gemeinde sechzig Kilometer vor Kairo musste er auf Geheiß des Vaters jede einzelne Sure des Korans auswendig lernen. Dabei gab der Vater das zu erreichende Zeitlimit vor: Er selbst habe es bis zu seinem zwölften Lebensjahr geschafft, den Koran aufsagen zu können. Vernachlässigte der Junge seine diesbezüglichen Pflichten – etwa weil er zu lange beim Tanz der Sufi-Derwische zugeschaut oder sogar mitgetanzt hatte – und konnte er sich abends vor dem ihn abfragenden Vater nicht recht erinnern, schlug ihm der Vaters ins Gesicht.

Als Hamed einmal seiner Schwester eine Kopfnuss gab und sie so laut schrie, dass der Vater davon aus seinem Mittagsschlaf geweckt wurde, verlor er die Beherrschung und traktierte den Sohn länger als sonst zunächst mit dem Bambusstock und danach mit Händen und Füßen. Damit nicht genug, schleppte er den Sohn, den er zuvor mit kaltem Wasser besprizt hatte, zum Barbier – der sonst in das Haus zu kommen pflegte – und ließ ihm in aller Öffentlichkeit den Kopf kahlscheren.

»[Mein] Vater wollte mich vor den anderen Kunden erniedrigen. Er galt für alle als der gerechte Imam, der nicht ohne Grund bestraft. Sie verstanden, dass ich nicht wie jedes Kind war. Ich brauchte besondere Züchtigung und Strenge, um die Aufgaben, die auf mich als Imam in der Zukunft warteten, meistern zu können.«[184]

Als Imam und patriarchales Oberhaupt der Familie herrschte der Vater mit absolutistischer Macht, die niemand hinterfragen oder kritisieren durfte. Gottgleich gebot er über Wohl und Wehe seiner Frau und der Kinder und war moralische Instanz in der Gemeinde der Gläubigen. War seine Frau ungehorsam oder forderte seine Autorität heraus – dies konnte durch Unachtsamkeit oder Gedankenlosigkeit sehr schnell geschehen –, schlug er mit dem Bambusstock zu.

Seine Strafen blieben unberechenbar. Was heute erlaubt war, etwa Fußballspielen, und durch Anfeuerungsrufe unterstützt wurde (»Schieß, Junge!«), konnte morgen verboten sein und mit Schlägen bestraft werden. So absolut, wie sein Vater über seine Familie herrschte, war die Herrschaft Allahs über die Gläubigen. Allerdings gab es ›von oben‹ keinerlei sichtbares Zeichen, daher trat der Vater an Gottes Stelle.

»Und da ich nicht wollte, dass unser Vater im Himmel genauso ist wie unser Vater auf Erden, machte ich meinen Vater dem Vater im Himmel gleich: perfekt und tadellos. Zornig und unberechenbar waren beide sowieso.«[185]

Für den jungen Hamed hatte Gott mehr als ein Gesicht. Er war »[s]ein Vater, [s]ein Lehrer, der Polizist und der Staatspräsident. Alle waren mächtig, wussten alles und durften alles, und keiner durfte sie nach ihrem Handeln fragen.«[186] Die gottgleiche Stellung seines Vaters zeigte sich, als er einmal Tausenden von Gläubigen mit einer Koransure – bei der sich jeder Muslim unverzüglich vor Gott niederwerfen muss – befahl, »Demut im Angesicht Gottes zu zeigen«, während er selbst »souverän« auf der Kanzel stehenblieb und »in seiner Körpersprache keine Anzeichen von Demut und Unterwerfung« erkennen ließ.[187]

Die patriarchale Gesellschaft, vor allem der Landbevölkerung Ägyptens, ist von Gewalt durchsetzt. Dies ist nicht zuletzt an der bestürzenden Tatsache zu erkennen, dass junge Mädchen noch immer beschnitten werden. Dem vierjährigen Hamed wurde die Vorhaut mit einem Messer amputiert, seiner älteren Schwester wurde »die gesamte Spitze ihrer Klitoris«[188] mit einer »Zange, die einem Nagelzwicker ähnlich«[189] ist, »weggeknipst«[190]. Vergleichbar würde man Jungen die Eichel statt der Vorhaut wegschneiden. Mindestens acht Jahre alt müssen die Mädchen sein, sonst wächst die Klitoris wieder nach.[191]

Bei der Beschneidung Hameds und seiner Schwester war das Haus voller Gäste, die mit Geldgeschenken den ›kleinen Bräutigam‹, der wie ein Prinz gekleidet war, beglückwünschten. Der Beschneider wurde von den Frauen mit »ohrenbetäubendem Getriller«[192] willkommen geheißen. Als er zur Tat schritt, verstummte der Jubel, ein Gebet wurde gesprochen und fünf Männer hielten den Jungen an Kopf, Händen und gespreizten Beinen fest, bis der Schnitt ohne Betäubung vollzogen war. Mit dem Schmerzensschrei des Jungen schwoll das Getriller der Frauen wieder an.

Seiner Schwester wurde diese Aufmerksamkeit nicht zuteil, auch war sie keine als Prinzessin gekleidete ›Braut‹. Sie gab im Nebenzimmer einen kurzen lauten Schrei von sich, aber kein Jubelgeschrei der Frauen war zu hören.

Die abgetrennte Vorhaut wurde hinter dem Haus vergraben, die abgeknipste Klitoris in ein Stück Stoff gewickelt und in den Nil geworfen. Dies war einmal mehr die Fortführung eines uralten Brauchs aus der Pharaonenzeit.[193] Damals opferte man jeweils zur Erntezeit das schönste Mädchen im Lande. »Mit dem Mädchen warf man zahllose Klitorides in den Fluss, um ihm zu danken. Jedes Jahr zur Erntezeit gab es auch die Klitoris-Ernte.«[194]

Wie man sieht, ist dieser grausame Brauch nicht genuin islamisch, trotzdem halten einige islamische Gelehrte bis heute daran fest und bezeichnen die Beschneidung der Frau als eine »vom Propheten befürwortete islamische Tugend«.[195]

All diese bitteren Erfahrungen und andere nicht minder traumatisierende Erlebnisse[196] ließen Abdel-Samad im Lauf der Zeit immer öfter daran zweifeln, ob Gott sich um ihn kümmert oder ob er tatsächlich existiert. Daran änderte auch sein vorübergehendes Engagement bei den ägyptischen Muslimbrüdern nichts. Durch das Studium der Islamwissenschaft und mehrerer Fremdsprachen, verbunden mit mehreren Auslandsaufenthalten, u. a. auch in Japan, gewann er zum Gott, der Religion und den patriarchalen Traditionen der Familie seines Herkunftslandes immer größeren Abstand.

Leicht war dieser Weg nicht; er führte auch zu Aufenthalten in die Psychiatrie; so sehr war sein Inneres aus der Bahn geworfen worden.[197] Wie tief die erlebte Gewalt in seiner Psyche eingegraben war, von wo sie in kritischen Situationen eruptiv ans Tageslicht kam, wird an einer Begebenheit deutlich, die ich als symptomatisch erachte und daher ausführlich wiedergeben möchte:[198]

Er hatte die Kurzfassung seiner Autobiografie beendet und sah sich erneut ›dem gebrochenen Mann‹ gegenüberstehen. Das »gesamte seelische Fundament«, auf dem er stand, war »extrem instabil«. »Unkontrollierte Emotionen fingen an, unter der Betondecke zu brodeln.« Es war, als hätte er sein Bankkonto jahrelang überzogen und würde nun zur Lebenskasse gebeten. »Wie viele Lügen, wie viele Wunden und Narben würden wieder aufplatzen?« Dies alles war durch Versöhnung mit der Familie[199] oder durch Heirat allein nicht zu heilen.

Er versuchte, sich mit Jogging, Schwimmen und »viel Fernsehen« von seiner Angst abzulenken. Als er einmal ein Bild seiner Eltern, worin sie Hand in Hand dem Betrachter zulächeln, einrahmte und es begeistert an eine »prominente Stelle« ins Bücherregal stellte, schaute ihn seine Frau skeptisch an:

»›Glaubst du, dass das die Lösung ist?‹ – ›Was meinst du‹, fragte ich. ›Du weißt, wie sehr ich deine Eltern schätze, aber ich glaube, du belügst dich selbst. Du schaffst es nicht, deine Eltern mit deiner Geschichte zu konfrontieren, deshalb versuchst du, sie stattdessen zu vergöttlichen.‹ – ›Das geht dich nichts an. Du bist ein Einzelkind und deine Eltern sind geschieden, das verstehst du nicht‹ – ›Nein. Es geht mich an, Hamed. Ich bin deine Frau, und ich sehe, dass du ein gefährliches Spiel spielst. Ich sehe, dass es dir schlechtgeht. Aber anstatt über dein Problem nachzudenken, läufst du davon.‹ – ›Halt die Klappe und geh weg.‹ – ›Ich werde nicht gehen. Hör mir zu!‹«[200]

Abdel-Samad verlor die Fassung und schlug ihr ins Gesicht. Dabei »rutschte« seine »Hand nicht aus«, wie er berichtet, nein, er befand sich in einem regelrechten Gewaltrausch, in dem »etwas in [ihm]« ihn drängte, mit dem Schlagen nicht aufzuhören. Als er »erwachte«, lag seine Frau am Boden und sagte, sie könne nichts hören.[201]

Selbstentfremdung durch Kultur

Die Ärztin im Krankenhaus blickte ihn »voller Verachtung« an und fragte seine Frau, ob sie die Polizei anrufen solle. Seine Frau lehnte ab. »Ich schämte mich«, schreibt er, »und werde mich immer für diesen Tag schämen.« Als er ihr sagte, dass er sich von ihr trennen müsse, weil er sich offensichtlich nicht unter Kontrolle halten könnte, erwiderte sie: »Das ist typisch für dich, Hamed, erst alles kaputtmachen und danach abhauen.« Nicht ihn würde die Beendigung ihrer Ehe bestrafen, sondern sie.

Seine »Bestrafung« war, Tag für Tag die Spuren seiner Gewalt im Gesicht der Frau zu sehen, die ihm verziehen hatte.[202]

Eindringlich beschreibt Abdel-Samad den unauflöslichen Zusammenhang zwischen Glaubenspraxis und Persönlichkeit:

> »Ich schäme mich für meinen Vater und meine beiden Brüder, die ihre Frauen regelmäßig schlugen. Ich schäme mich für die Sure 4 des Korans, die Gewalt gegen die eigene Ehefrau billigt. Ich schäme mich, dass die berühmtesten Figuren meiner zeitgenössischen Kultur nicht Gandhi, Dalai Lama oder Martin Luther King heißen, sondern Khomeini, Bin Laden, Saddam Hussein, Mulla Omar und Mohammed Atta. Ich schäme mich, dass ich um nichts besser war, als jeder Mann, der mich kränkte. Ein Teil von mir identifiziert sich offenbar auf perverse Weise mit jenen Männern, die ich aufgrund meiner eigenen Erfahrungen zutiefst verabscheue.«[203]

Schließlich gelang es ihm, nicht zuletzt auch mit der Hilfe seiner Frau, der »Liebe seines Lebens«[204], sich psychisch zu stabilisieren und beruflich in Deutschland Fuß zu fassen.

Was Abdel-Samad als Kind eines strengen Imams und eingebettet in ein Volk, das fest in der Tradition patriarchaler Glaubensstrukturen der islamischen Welt verankert ist, erlebt und erlitten hat, hat aus ihm schließlich den Menschen gemacht, der er heute ist. Sein Weltbild hat sich verändert, die Freiheit des Denkens und das erworbene

Wissen ließen ihn zu einem der profiliertesten Kenner und Kritiker der Religion seiner Eltern werden.

Am Ende seiner eindrucksvollen Autobiografie verabschiedet er sich vom anerzogenen und zu lange verinnerlichten und gelebten Gottesbild. Er lehnt den Gott seines Vaters, der so lange auch sein eigener Gott war, ab: »ein erhabener, wütender Gott, der nicht nach seinem Handeln gefragt werden darf und dennoch Menschen für ihre Fehltritte bestraft. Ein Patriarch, der nur diktiert, aber nie verhandelt, und die Menschen bis in die intimsten Lebenssituationen mit Geboten und Verboten verfolgt.«[205]

Die liebevolle, plurale, weltoffene und von Toleranz getragene Umgebung des jungen Mouhanad Khorchide hatte weitreichende, positive Folgewirkungen für sein späteres Leben, und prägte seine Sicht auf die Religion, die sein Elternhaus ihm als bleibendes kulturelles Erbe mitgegeben hatte. Die Art und Weise, in der man dort den Glauben lebte, empfindet der heutige Islamgelehrte als die einzig richtige und legitime. Davon abweichende, strengere Auslegungen des Koran müssen falsch sein und dürften sich, seiner Ansicht nach, nicht auf die wahre Tradition und das rechte Gottesverständnis berufen. Wer Andersgläubigen selbst innerhalb der muslimischen Glaubenswelt grundlegende Rechte als Mensch und Staatsbürger vorenthält, mit der Begründung, sie seien »Abtrünnige«[206], verhält sich unislamisch, so lautet sein unbestechliches Urteil.[207]

Die gut begründete und für Khorchide einzig denkbare Betrachtung des Islam hat eine ebenso starke Legitimität wie die davon erheblich abweichende, wesentlich kritischere Haltung Abdel-Samads. Beide Experten kennen ihre Religion, sie haben ihre Grundlagen und ihre Historie tiefgehend erforscht. Das Urteil[208], zu dem sie gelangt sind, ist in der einen wie der anderen Art seines Zustandekommens nachvollziehbar und absolut legitim. Kurzum: Beide haben recht!

Wenn aber selbst Islamgelehrte in der Beurteilung des richtigen Islam zu keinem übereinstimmenden Ergebnis gelangen, oder wenn es ihnen nicht gelingt, ein klar konturiertes, einheitliches Bild des Allmächtigen zu zeichnen, wie sollen die einfachen Gläubigen zweifelsfrei wissen, welche der unzähligen Ausprägungen ihrer Religion und des Gottesbildes, das sie vermitteln, die richtige ist? Tatsächlich entspricht dieses theologische Dilemma der Glaubensrealität in der muslimischen Welt. Je nach Herkunft, Bildungsgrad und erlebter Tradition gibt es unzählige Arten des Islam und höchst unterschiedliche Vorstellungen über den Allmächtigen, und jede Familie hat ihre ganz eigenen Traditionen, die seit Generationen weitervererbt werden und aus denen der Einzelne nur schwer oder gar nicht ausscheren kann.

Gottesbilder und gelebte Traditionen

Der Islamismusexperte und Psychologe Ahmad Mansour beschreibt[209], wie sich jugendliche Muslime in Gesprächsrunden (»Workshops«) in der Schule zu Gesellschaft, Religion und ihre Rolle im konkreten Zusammenleben äußern. Dabei fallen die verschiedenen Lebenssituationen der Jugendlichen auf, und die Erziehungsmethoden ihrer Eltern werden deutlich.

Allen Teilnehmern gemein ist, dass sie streng erzogen wurden und dass die Eltern ihr Wohlverhalten auch durch Höllendrohungen zu erzwingen suchten. »Wenn du dich so schminkst wie eine Schlampe, kommst du in die Hölle« – Wenn du nicht tust, was dein Vater sagt, wirst du in der Hölle brennen!«[210] Dies hat ihr Gottesbild bleibend geprägt, und so äußern sie in der lockeren Atmosphäre der Gesprächsrunde ihren bejahenden Standpunkt. »Sonst würde doch kein Mensch an etwas glauben und sich keiner an die Regeln halten!«[211]

Einer der Teilnehmer, »Jusuf«, tut sich durch einen gesteigerten Grad an Aggressivität und dominantem Verhalten hervor. Nachdem er seine anfängliche Scheu, vor den anderen zu sprechen, überwunden hat, legt er mit starken Worten und in gebieterischem Ton dar, wie wenig er überhaupt von dieser Veranstaltung hält, in der die Religion zum Gegenstand von Kritik gemacht werde.[212]

Das dürfe man nicht, und überhaupt sei zu beobachten, dass viele Muslime und besonders muslimische Mädchen gar keinen Respekt mehr vor der Religion hätten. »Jusuf« scheint sehr redegewandt zu sein,[213] und im persönlichen Gespräch mit Mansour malt er denn auch gleich die schlimmsten Fantasien über die unmoralischen sexuellen Praktiken der respektlosen Altersgenossen aus.[214]

Dieser junge Mann, das wird deutlich, wiederholt »wie ein kleiner Automat, was er gehört hat und was ihm beigebracht wurde«.[215] Man erkennt die strenge, kein Abweichen duldende Erziehung seiner Eltern, die ihn bis tief in die Seele darüber verunsichert hat, wer oder was er selbst ist, was ihn tief im Innersten ausmacht, ihn als unverwechselbares Individuum charakterisiert. »Jusuf« hatte keine Chance, sich selbst zu erkennen, geschweige denn er selbst zu sein.[216] Die Schwarze Pädagogik seiner Eltern, gepaart mit einem Religionsverständnis, das andere, in ihrer Seele gleichermaßen verformte Gläubige als identitätsstiftend an ihn herangetragen haben, betet und lebt er nach.[217]

Das Gottesbild, das er den anderen aufoktroyieren möchte, ist das genaue Abbild seiner Eltern. Sie haben offenbar jede Handlung des damaligen kleinen Jungen beobachtet, kontrollieren den jetzigen Heranwachsenden argwöhnisch und zeigen keinerlei Respekt vor seiner Privatsphäre. Vor Gott bleibt nichts verborgen, davon ist »Jusuf« überzeugt. Kein Wunder, vor seinen Eltern konnte er allem Anschein nach auch nichts verbergen.

Sein herrisches, autoritäres Auftreten und sein unnachgiebiges Beharren auf seinem Standpunkt, der allein richtig ist,[218] schüchtern die anderen ein, so sehr, dass das Gespräch nach und nach zu verstummen droht.[219] Sie »kuschen, weil sie das von zu Hause kennen, wo kein freier Austausch möglich ist.«[220] Und belegen anschaulich, wie stark sie die elterliche Erziehung, verbunden mit Schwarzer Pädagogik, die in den Höllendrohungen ihrer Religion Ausdruck und Legitimation findet, ihr Denken, Fühlen und Handeln unabwendbar prägt.

Wer von diesen Jugendlichen später das Joch der Eltern, das zugleich Gottes Joch ist, abwerfen kann und wer darunter verbleibt, ist nicht vorherzusagen. Manchen gelingt es, anderen nicht. Mansour ist es gelungen.[221] Er hat sich aus den einfachen Verhältnissen, aus denen er stammt, befreien können. In seiner Familie herrschten ähnliche Vorstellungen[222] wie die, die er heute in den schulischen Workshops von den Kindern muslimischer Einwanderer zu hören bekommt. Kinder einfacher Herkunft hatten im Palästina der Siebzigerjahre kaum Aufstiegschancen.[223] Selbst in der körperlichen Bestrafung durch ihre Lehrer gab es Unterschiede zwischen den Söhnen von Ärzten oder gar Bürgermeistern und Söhnen, deren Väter Bauern oder Tankstellenarbeiter waren. Die Lehrer überlegten es sich gut, die Söhne der Höhergestellten zu züchtigen, bei ihm, dem Sohn eines Tankstellenarbeiters,[224] waren solche Skrupel nicht nötig.[225]

Dass viele der Kinder, die Mansour heute betreut, Gewalt von den Eltern erfahren, ist für ihn, der selbst beinahe täglich von den Eltern und Lehrern geschlagen wurde,[226] nicht überraschend. Obwohl er sich in der Schule anstrengte und auch gute Noten nach Hause brachte, schien das im Elternhaus niemanden wirklich zu interessieren, aber auch Lehrer und Mitschüler betrachteten seine guten Leistungen mit Argwohn.[227]

Trotzdem wollte er es schaffen, wollte sich befreien, doch niemand traute es ihm zu.[228] Bis eines Tages der Imam seines Ortes sein schlummerndes Potenzial erkannte und ihn einlud, seinen Koranunterricht zu besuchen. Das änderte alles. Zum ersten Mal erfuhr Mansour, wie es sich anfühlt, wahrgenommen, unterstützt und gefördert zu werden. Endlich interessierte sich jemand ausgerechnet für ihn, für den das eine vollkommen neue Erfahrung war.[229]

Aus den wöchentlichen Abendbesuchen in der Moschee wurden bald tägliche Besuche, und aus diesen mehrere Besuche an einem Tag.[230] Zu Beginn lernten sie Hocharabisch, die Sprache des Koran. Sie erfuhren von den Verheißungen unaussprechlicher Freuden im himmlischen Paradies.[231] Doch schon bald änderte sich ihr Lehrplan: Bedrohliche Szenarien einer weltweit unterdrückten Umma tauchten darin auf. Von Krieg zur Rückeroberung Spaniens war plötzlich die Rede. Es galt, zunächst Europa zu islamisieren und schließlich die gesamte übrige Welt.[232] Die ›unvermeidlichen‹, ausgiebigen Warnungen vor den satanischen Verführungen der Frauen, vor denen sich der Gotteskrieger zu hüten habe, rundeten den besonderen Unterricht ab.[233]

Die Strafpredigten setzten fort, was in der Kindheit begonnen hatte: die Aufteilung der Welt in Gut und Böse, *Halal* und *Haram* – Erlaubtes, Reines und Unerlaubtes, Schmutziges –, Tugend und Sünde, sowie eine tief sitzende Furcht vor Allah und Dämonen. Vor der ungläubigen Welt sollte man sich in Acht nehmen, Christen, Amerikaner, Europäer, Demokraten, Kommunisten und alle anderen ›Ungläubigen‹ waren Feinde und Saboteure, die allesamt des Teufels waren und dereinst die schlimmsten Höllenqualen erleiden müssten.[234]

So wurde aus dem anfänglich eher unsicheren, ängstlichen – daher leicht verführbaren – und kaum beachteten Sohn eines Tankstellenarbeiters der selbstbewusste Islamist, der nun andere belehrte und selbst seinen Eltern Moralpredigten hielt, wenn sie wegen ihrer Nachlässigkeit darin, alle Regeln des Korans zu befolgen, »keine richtigen Muslime« waren.[235]

Nach und nach flüsterte man den Eleven jedoch neue Ängste ein: Todesfurcht und die Angst zu versagen. Sie befänden sich in einem ständigen Kampf. Der Kampf gegen den äußeren Feind war vorläufig noch nicht ihre Sache, stattdessen sollten sie sich auf den Kampf gegen ihre Seele konzentrieren. Es hieß, die Seele wolle Macht über sie – und wolle Sexualität. Die Jungen sollten alles tun, um diese Seele unter ihre Kontrolle zu bringen. Die Seele habe ihrem Willen zu folgen und nicht sie dem ihren.[236]

»So, dominiert von einer neuen, noch viel existentielleren Angst, wurde ich schnell zu einem braven, folgsamen Soldaten des Imam. Denn natürlich waren auch bald keine kritischen Fragen mehr erlaubt. Wir wurden gleichgeschaltet.«[237]

Eines Nachts verlangte der Imam seinen Schülern eine besondere Mutprobe ab. Im fahlen Mondlicht sollten sie sich nacheinander in ein frisch ausgehobenes Grab legen. Dies ängstigte den Jungen sehr, auch deshalb, weil der Imam mit donnernder Stimme Verfluchungen über die Ungläubigen ausstieß:

> »Auf alle Menschen, die Allah im Leben nicht gefolgt sind, werden im Grab Schlangen und Dämonen warten, die sie schlagen und quälen! Bis in alle Ewigkeit.«[238]

Trotz dieses fast traumatischen Erlebnisses blieben alle dem Imam und seiner Lehre treu. Denn diese Gruppe bot, was die Jungen benötigten: Zusammenhalt, Orientierung und Struktur fürs Leben. Hinzu kam ein Gefühl der Überlegenheit gegenüber allen, die Mansours neu gewonnene Einsichten, seinen Glauben, das heißt die ›Wahrheit‹, nicht teilten; er konnte auf sie herabblicken, sie ablehnen und als weniger wert erachten.[239]

Anders jedoch als viele »Jungen aus [s]einem Umfeld« konnte Mansour »den radikalen Irrweg« des Islamismus wieder verlassen. Die »viele[n] schöne[n] Momente« seiner Kindheit, die es neben der erlebten Gewalt auch gab – etwa, wenn seine Großmutter ihn liebevoll gepflegt hat, wenn er krank war –, haben ihm dazu »die Kraft gegeben«.[240] Er hat »das Umdenken gelernt.«[241] Bildung war, wie so oft, der Schlüssel, der das Tor zu einer neuen, anderen Denkwelt eröffnete. Er schaffte das Abitur. Dadurch fiel der riesige Druck von ihm ab, der ihn die ganze Zeit begleitet hatte. Zudem konnte er nun ohne die ständigen Vorbehalte und Streitereien mit dem Vater den Wohnort verlassen.[242] Als er an der Universität von Tel Aviv für das Studium der Psychologie zugelassen wurde, betrat er die Welt des Westens, die ihm so viel bot, ihn jedoch auch ängstigte.[243]

Der Ausstieg aus einer Ideologie geht nicht von heute auf morgen, das weiß ich aus eigenem Erleben. Die Schwierigkeiten, die Ahmad Mansour so treffend beschreibt, sind mir sehr vertraut. Ich kenne die inneren Kämpfe, die Zweifel und das Schwanken zwischen gelebter Freiheit am Tage und religiöser Rückbesinnung am Abend und in der Nacht.[244] Auch ich hatte quälende Gewissensbisse über das ach so sündhafte neue Leben, das ich ausprobierte. Vor allem aber ängstigten mich meine eigenen Gedanken, die mehr und mehr Freiraum beanspruchten, zunehmend gottloser wurden und sich einfach nicht mehr einfangen ließen.

Selbst den ›Gottes-Urlaub‹, den Mansour genommen hat, indem er einfach nicht mehr die Moschee besuchte,[245] kenne ich sehr gut. Diese Glaubens-Auszeit ist jedoch unerlässlich, wenn man Klarheit des eigenen Denkens herstellen möchte.

Mansour hat das alles durchlebt und ist konsequent seinen eigenen Weg gegangen, obwohl ihn Angehörige, Freunde und der Imam bedrängten, doch nicht alles aufzugeben – vor allem nicht seinen Glauben.[246] Schließlich verließ er das Land seiner Eltern und kam nach Deutschland. Hier überwand er viele Hürden: Sprache, Bürokratie und völlig neue Lebensgewohnheiten.[247] Heute engagiert er sich in vielen Projekten gegen Extremismus und für die Gleichberechtigung gerade unter muslimischen Einwanderern.[248]

Was wir im Fall der Zeugen Jehovas festgestellt haben, trifft auch auf die Glaubenswelt des Islam zu: Gottesvorstellung und Persönlichkeitsstruktur sind eng verflochten – der Charakter des Gläubigen und sein individuelles Gottesbild bilden eine Einheit. Dies konnten wir an den Äußerungen der jungen muslimischen Schüler sehen, denen die elterlichen Höllendrohungen in Fleisch und Blut übergegangen waren und deren Reden und Handeln von diesen durchdrungen waren. Ähnlich war es am Werdegang Mansours zu beobachten, dessen autoritäre und gewaltvolle Erziehung sich nahtlos in die allmählich radikaleren Lehren des Imams einfügte.

Selbst heute, da er sich aus dieser verhängnisvollen Entwicklung befreit hat, ›ertappt‹ er sich dabei, in die erlernten Denkmuster zurückzufallen:

»[Die Höllenangst der Kindheit wirkt bis heute nach.] Wenn ich ein Glas Wein trinke, wenn es auf einem Flug Turbulenzen gibt, dann tauchen manchmal die archaischen, in der Kindheit eingepflanzten Ängste wieder auf: Ist das jetzt Sünde? Ist das hier nun die Strafe? Was, wenn das doch alles stimmt. Dann bin ich verloren, einer von jenen, die auf Ewigkeit in der Hölle leiden müssen.«[249]

Wie sehr der gläubige Muslim, der er geblieben ist, von diesem Denken geprägt ist, zeigt sich sogar an eher beiläufigen Bemerkungen, wenn er beispielsweise schreibt: »Sünder sind wir immer.«[250] Dies innerhalb eines Kapitels seines aufklärerischen Buches, worin er fachkundig die Mechanismen der »Angstpädagogik« vieler muslimischer Eltern und ihre Spätfolgen erörtert.[251]

Jugendliche plappern nach, was ihnen in der Kindheit eingebläut wurde. Oben hatten wir es gesehen. »Wenn es keine Höllendrohungen gäbe, würde doch niemand mehr glauben oder sich an Regeln halten«, so hatte es einer sinngemäß formuliert. Viele muslimische Eltern, mit denen Mansour spricht, sind derselben Überzeugung: »Wie soll mein Kind ohne die Androhung von Strafe und Verdammnis ein frommer Mensch werden?«[252] Die »Angstpädagogik« ist für sie »unverzichtbar«, sie möchten sie keinesfalls aufgeben. Solche Eltern zeichnen das Bild des »zornigen Allah«, der »keine Zweifel zulässt und ›Ungehorsam‹ wie Selbstentfaltung brutal sühnt.«[253] Das sei doch normal, betonen sie, schließlich ahnde die Polizei ja auch Vergehen und belege sie mit Strafen. Wenn sie das nicht täte, gäbe es doch sonst Chaos auf den Straßen. Wenn Gott »einen Ordnungskatalog aufgestellt habe, sei es doch richtig, den zu bestrafen, der ihn missachte!«[254] In ihren Augen ist Gott der allmächtige Buchhalter. Dass es einen anderen Gott geben könnte, einen, der den Menschen das »schönste Geschenk«, nämlich die »Freude am Lebendigsein« mitgegeben hat,[255] ist für solche strengen Eltern nicht denkbar. Und so berichtet Mansour von Müttern, die ihrerseits in der Kindheit »durch Androhung eines fürchterlichen, ewigen Daseins in der Hölle nach dem Tod« derart traumatisiert worden waren, dass sie im Gespräch mit ihm zu weinen anfangen. Plötzlich werden sie daran erinnert, »wie sie als Kind nachts nicht einschlafen konnten, weil die Angst vor Tod und Hölle sie quälte.«[256]

»›Was wird mir passieren, weil ich ein schlimmes Wort gesagt habe? Bin ich jetzt verdammt?‹ So lag das kleine Mädchen lange wach. Ältere Kinder, Jugendliche fürchten: ›Werde ich ewig in der Hölle gefoltert, weil ich einen Jungen geküsst habe, weil ich Händchen gehalten habe?‹«[257]

Das Tabu und Schlechtmachen der Sexualität und die ständig aufs Neue geschürte Angst vor der Hölle mit ihren ewigen Qualen lösen bei Kindern und Jugendlichen aus fundamentalistisch-religiösen Elternhäusern immer wieder Schuldgefühle aus. Von den ebenfalls traumatisierten Erwachsenen ist dies zum einen beabsichtigt, gleichzeitig aber können sie nicht aus ihrer Haut. Sie selbst wurden von ihren Eltern in dieser Weise verformt, ihr eigener Wille wurde gebrochen, das Lebendige in ihnen betäubt.

Die Eltern von heute sind die Kinder von damals, ihre Todesängste haben sie unreflektiert an ihre Kinder weitergegeben. Berichte darüber, wie es in der Hölle zugeht, haben sich ihnen unauslöschlich ins Gehirn eingebrannt:

»Da war die Rede von Haaren, die zu Schlangen wurden, Menschen, die auf glühenden Felsen stehen müssen, so heiß, dass ihre Köpfe kochen. Nirgends gibt es Wasser zur Kühlung, überall erschallen Schmerzensschreie, alles ist voller Geheul und Wehklagen.[258]

Die Angst sitzt bei vielen Muslimen so tief, dass sie regelrecht in Panik geraten, wenn Geologen Geräusche der Plattentektonik, die bekanntlich eine der Ursachen für Erdbeben ist, aufzeichnen. Mansour schreibt, dass Geistliche das gern für ihre Strafpredigten ausnutzten und erzählten, diese Geräusche kämen von den bestraften Menschen direkt tief unten aus der Hölle.[259] Mansour:

> »[Mit diesen Schreckensbildern lernen Kinder], dass es keine Alternative gibt, dass Erbarmen keinen Raum hat. [...] [Diese früh eingepflanzten, rigorosen] Bilder sind mächtig. Besonders in Krisen, wenn man glaubt, versagt zu haben, und es an Selbstwertgefühl fehlt, melden sie sich auf unerbittliche Weise und lassen die kindlichen Urängste wiederaufleben.«[260]

Wer dagegen gehorcht, wer sich den Eltern und dem Willen Allahs bereitwillig unterwirft, darf auf das Paradies hoffen, das wie der Garten Eden alle Wonnen bereithält, die man sich im Diesseits versagen musste.[261]

Solch kindlich bebilderter Dualismus des Denkens sitzt bei vielen Muslimen so tief, »dass [die dementsprechenden Gottesvorstellungen] sich nur mühsam in einem langen Prozess der Aufklärung abschwächen und relativieren lassen. Vollends ausräumen wird man sie vermutlich nie können«[262], meint der Psychologe. Damit bestätigt er jene Wirkungen, die uns bereits in der christlich konnotierten Schwarzen Pädagogik begegnet sind.

Schwarze Pädagogik und Religion als Zwillinge – Wenn Eltern ihren Kindern Leid zufügen

Eltern, denen die Traumen ihrer eigenen, von Gewalt geprägten Kindheit unbewusst geblieben sind und die sie daher auch nicht reflektiert haben, geben diese Gewalt an ihre Kinder weiter. Sowohl die scheinbare Normalität täglich erlebter Gewalt als auch ihre fadenscheinige Begründung[263] werden durch die Kinder internalisiert und durch Nachplappern bestätigt, nachgeahmt und im Erwachsenenalter an den eigenen Kindern wiederholt. Solche Gewaltketten können Jahrhunderte überdauern, wenn sie nicht durch mutiges Infragestellen und die Abkehr von bindenden Traditionen durchbrochen werden. Erst wenn das Patriarchat und seine religiöse Legitimation als schädlich, grausam und daher falsch erkannt werden, gelingt die Beendigung des gewalttätigen Teufelskreises.

Das Konzept der Sünde hat fatale Folgen für die Art, in der Eltern ihre eigenen Kinder betrachten. Wer das eigene Kind als in Sünde geboren ansieht, wird ihm nicht vorbehaltlos geben können, was es zu seiner gesunden Entwicklung dringend benötigt: Liebe, Zuwendung und Annahme um seiner selbst willen. Das Kind, das von Geburt an bereits »nicht sündenrein«[264] ist, muss vom ersten Augenblick an von seinen Eltern in Gottesfurcht erzogen werden, um sein ewiges Seelenheil zu retten. Wie bereits anhand der Äußerungen der durchweg christlich geprägten Apologeten der Schwarzen Pädagogik des 18. und 19. Jahrhunderts gezeigt wurde, dienen zur Erreichung dieses hehren Ziels ausdrücklich auch drastische Erziehungsmethoden, wenn gutes Zureden allein nicht ausreicht. Göttliche Liebe, die zugleich elterliche Liebe ist, ist vor allem auf das geistliche Wohl des Kindes bedacht, mag dadurch auch zeitweise sein körperliches und emotionales Wohl zurückstehen müssen. »Sie versteht auch durch Wehetun wohlzutun.«[265]

Was dem ewigen Wohl des Kindes dient, ist gut. Da mag sogar der Säugling unaussprechliche Schmerzen erleiden, so stark, dass er

»abnormal« schreit oder ihm die Sinne schwinden und er in einen komatösen Zustand absinkt[266] – wenn Gott es befohlen hat, stehen höhere Güter im Raum als die irdische Unversehrtheit des fleischlichen Körpers. Dann darf es an einem der empfindlichsten und intimsten Körperteile ruhig bluten, es ist dennoch ein Akt göttlicher Liebe, das Messer zur Vorhautamputation anzusetzen.

Ein ähnlicher Liebesbeweis ist es, wenn die Eltern des Heranwachsenden (sei er 11, 12, 13 oder 14 Jahre alt) anlässlich seines blutigen Verletztwerdens den – wie sie behaupten – schönsten Tag seines Lebens zu einem rauschenden, kostenintensiven Fest[267] machen, bei dem auch alle Verwandten und Bekannten, die sonst beleidigt sein könnten, eingeladen werden. Alle feiern, alle sind gerührt bei dieser festlichen Fortführung einer jahrhundertealten Tradition, denn der frisch Verstümmelte ist nun Teil ihrer großen, geistlichen Gemeinschaft (*Umma*). Ob diese grausame Behandlung sinnvoll und nötig ist oder tatsächlich dem Wohl des Blutenden dient, solche Fragen möchte man nicht hören – nicht an diesem Freudentag.[268] Alle lieben den Neuaufgenommenen, das wird er verstehen. Die göttliche Liebe ist heute besonders deutlich geworden, gerade weil sie wehtut.

Dem Heranwachsenden, der eingeschüchtert, ängstlich und blass die blutige Prozedur zu ertragen gezwungen wird, die er nicht will, erschließt sich Gottes Liebe nicht. Seine Augen verraten, wie sehr er sich fürchtet. Er möchte nicht in den Raum, wo die alten und die kräftigen jungen Männer schon auf ihn warten. Er glaubt den Beteuerungen seiner Mutter nicht, dies sei heute der wichtigste Tag seines Lebens, er werde heute zum Mann gemacht. Mann zu sein heißt, von nun an seine Gefühle nicht mehr zu zeigen, vor allem Angst kennt ein Mann nicht. So schärft man es ihm ein. Auch wenn die blutende Wunde schmerzt, er darf nicht darüber weinen, denn ein Mann weint nicht. Statt den Sohn vor den Zeugen der Verstümmelung und vor allem dem Körperverletzer zu beschützen, geben seine Eltern ihn in deren Hände; statt die Verfolger zu bedrohen und abzuwehren, werfen sie ihnen das eigene Kind ›zum Fraß‹ vor.[269] Dem Allmächtigen gefällt das grausame Spiel, er will das Blut und das hochsensible Schutzorgan des Jungen. Nur so kann er ihm seine wahre Liebe zeigen. Auch dem acht Tage alten Säugling, dessen Schutz und Unversehrtheit verraten wurden, kann sich die göttliche Liebe nicht erschließen. Der Gott der Eltern des schmerzüberwältigten Babys knüpft an das empfindliche Schutzorgan und die blutende Wunde nach dessen Entfernung den Bund eines Reiches von Königen und Priestern. Durch das ewige Wundmal sollen alle männlichen Nachkommen in einer unauflöslichen, feierlichen Verpflichtung an die besondere Liebe Gottes zu seinem Volk erinnert werden, eine Liebe, die allein dem erwählten Volk zugutekommt und die alle anderen Völker ausschließt. Das verstümmelte Organ ist das sichtbare Zeichen für Gott, der nicht darauf verzichten kann; verborgen vor den anderen, denn sonst müsste sich der Erwählte entblößen. Vor Gott steht er ohnehin entblößt da.

Der blutig verletzte Säugling wird sich später nicht an das erlittene Trauma und die schmerzende Wunde erinnern. Was er wahrzunehmen gelernt hat, ist die Liebe seiner Eltern, die ihm den Verbleib im ewigen Bund mit Gott geebnet haben, indem sie das göttliche Gebot befolgten.

Der heranwachsende Sohn, dessen Erinnerung an die schmerzhaft blutende Wunde lebendig bleibt, wird dennoch den Beteuerungen seiner Eltern glauben, die nie aufgehört haben, ihn zu lieben und die ihn verletzen ließen, gerade weil sie ihn so lieben. Da sein Verstand den Widerspruch nicht auflösen kann, wird er den Schmerz und den Verrat verdrängen.

Islam

Selbst hochgebildete Männer glauben den Betrug, dass elterliche Liebe und unnötig zugefügter Schmerz kein Widerspruch sein müssen. Zwar gelingt es ihnen nicht, beides kongruent zusammenzudenken, aber die Liebe zu ihren Eltern und zu Gott, in dessen Namen und zu dessen Ruhm dies alles geschah, hilft ihnen, ihr reines Bild, das sie sich von Gott und den Eltern gemacht haben, zu bewahren. Dies ist für sie überlebenswichtig, wie wir noch sehen werden.

Manch Gelehrter oder Religionsexperte traut sich in der Frage, ob die Vorhautamputation bei Knaben oder jungen Männern ebenso eine Körperverletzung darstellt, wie die Klitorisverstümmelung bei Mädchen und jungen Frauen, kein eindeutiges Urteil zu. Andere Experten sind weniger zurückhaltend. Für sie ist das Entfernen hochsensiblen Körpergewebes – die Vorhaut des männlichen Penis ist ebenso empfindlich wie die Fingerkuppen der menschlichen Hand – ohne medizinische Indikation Körperverletzung.[270]

In der islamischen Tradition werden sowohl Säuglinge als auch kleine Jungen oder Heranwachsende vor und in der Pubertät genitalverstümmelt. In türkischen Familien wird anlässlich der Vorhautamputation, die ohne Betäubung erfolgt, ein rauschendes Fest[271] veranstaltet, wir hatten es oben bereits erwähnt. Die bedauernswerten Opfer dieser blutigen Tradition werden bei vollem Bewusstsein traumatisiert. Es herrscht eine aufgeladene Stimmung an diesem Tag. Viele Menschen sind um das Großereignis herum versammelt und voller Erwartung. Plötzlich beginnt die Prozedur: Erwachsene Männer halten zu mehreren den kleinen Körper fest, dem Jungen wird ein Stofflappen in den Mund gedrückt, und der Beschneider setzt schließlich sein Messer an. – Dies alles ist nichts anderes als ein einziger Akt der Barbarei und der Vergewaltigung kleiner Jungen und pubertierender Heranwachsender. Diese Jungen sind auch keine ›Helden‹, die den glücklichsten Tag ihres Lebens feiern, sondern einfach nur ›gepeinigte Menschenkinder‹.[272]

Wird ein wenige Tage alter Säugling genital verstümmelt, findet ebenfalls eine Traumatisierung statt, freilich eine, an die sich der spätere Erwachsene nicht erinnern kann. Aber auch ein nicht bewusst erlebtes Trauma bleibt ein Trauma. Es ist für den Säugling sogar derart überwältigend, dass manches Baby bei der Operation, die ja meist ohne Betäubung durchgeführt wird, in eine Art Schockstarre[273] verfällt und sich gar nicht mehr äußern kann.[274] Oben hatten wir bereits gesehen, dass viele Babys auch ganz anders reagieren: Sie schreien auf eine Art, die »abnormal« ist.[275]

Der erwachsene Mensch kann sich später unmöglich an die Schmerzen des blutenden Schnitts erinnern, denn der Organismus des Säuglings hat den Schmerz vom Bewusstsein abgetrennt, um überleben zu können.[276] Freilich empfinden als Baby verstümmelte heutige Männer den Schmerz des Säuglings nicht; das aber heißt nicht, dass das Trauma verschwunden ist. Ihr Körper hat ihn gespürt und im Unterbewusstsein abgespeichert.[277]

Das Trauma des Säuglings möchten die erwachsenen Männer später oft nicht wahrhaben. Manche versuchen dann, das Ereignis herunterzuspielen. Oder sie bestreiten, dass Laien darüber befinden können, ob die männliche Genitalverstümmelung Körperverletzung ist, und wollen das Urteil lieber den Medizinern überlassen.[278] Merkwürdig dabei ist, dass ihnen ein Urteil in Bezug auf die Verstümmelung von Mädchen und Frauen wesentlich besser, ja eigentlich zweifelsfrei gelingt. Aber bei Jungs, möglicherweise gar bei sich selbst? Nein, das kann nicht sein, das darf nicht sein.

Wer derart herumlaviert, zeigt dass ihn das Thema tiefer berührt, als er mitunter wortreich und heldenhaft zu verleugnen versucht. Dabei ist die Faktenlage eindeutig und klar:

Körperverletzung ist für jeden fühlenden Menschen leicht zu erkennen: Es schmerzt, es blutet – es ist Körperverletzung. Jeder Schnitt in den Finger mit dem Küchenmesser ist Körperverletzung – wenngleich meist wir selbst uns diese Wunde zufügen. Jeder Stich ins Ohr für einen Ohrring oder in sonstige Körperteile für ein Piercing ist Körperverletzung. Jedes Tattoo ist Körperverletzung. Jede Krankenhausoperation ist Körperverletzung. In all diesen Fällen handelt es sich entweder um selbst herbeigeführte Körperverletzungen oder um medizinisch notwendige Verletzungen. Niemand bestreitet das Recht von Eltern, ihrem Kind eine medizinisch notwendige Körperverletzung (beispielsweise eine Blinddarm-OP) durch ausgebildete Ärzte zufügen zu lassen, die dem Wohl des Kindes dient oder ihm gar das Leben rettet, selbst wenn das Kind aus Mangel an Einsicht die Operation ablehnt.

Ganz anders aber sieht das bei Verletzungen des Körpers aus, die medizinisch absolut unnötig sind, vielleicht eher sogar ein Gesundheitsrisiko in sich bergen und die allein aus ästhetischen Gründen oder aus religiöser oder kultureller Tradition vorgenommen werden. Der Unterschied zwischen legitimer und unzulässiger Körperverletzung besteht in der Freiwilligkeit und dem, was Menschen sich selbst zufügen oder zufügen zu lassen bereit sind, gegenüber dem, was anderen, nicht zustimmenden oder zustimmungsfähigen Menschen zugefügt wird. Die rituelle Vorhautamputation ist Körperverletzung, denn sie überfällt‹ den vollkommen wehrlosen Säugling und geschieht gegen den Willen des Kindes oder Jugendlichen.

Der damalige Säugling, Junge oder Heranwachsende konnte nicht entscheiden. Man hat seinen Körper ohne seine Zustimmung unnötig blutig verletzt. Dass seine geliebten Eltern der blutigen Verstümmelung zustimmten, übersteigt die Fähigkeit des Säuglings und des Heranwachsenden, die beiden unvereinbaren Verhaltensweisen – Liebe und Zuneigung gegen den Verrat am schutz- und wehrlosen Kind – kongruent zusammenzudenken. Der Säugling, der Heranwachsende, liebt seine Eltern, dies ist seine Überlebensgarantie, und die Eltern belohnen diese Liebe mit Verrat. Sie liefern den wehrlosen, schutzbedürftigen Körper an diejenigen aus, die sich dieses Körpers bemächtigen in der Absicht, ihm blutige Verletzungen zuzufügen. Dies tun sie, ohne die Schmerzen zu verhindern oder auch nur zu lindern,[279] im vollen Bewusstsein des kleinen Menschen, der dies nicht anders wahrnehmen kann als eine tödliche Bedrohung. Dass die Eltern ihr Kind nicht aus der Gefahrensituation befreien, es nicht beschützen und dessen Unversehrtheit mit allen ihnen zur Verfügung stehenden Mitteln verteidigen, das ist der Verrat, das ist das Trauma, das der Säugling, oder das heranwachsende Kind, erfährt.[280] Hierzu folgendes Zitat:

»Die Psychiaterin Janet Menage hat den durch die Beschneidung verursachten seelischen Schaden als ›gesellschaftlich sanktionierten Missbrauch‹ bezeichnet, der eine nachhaltige Traumatisierung hervorrufe. Die Geborgenheit, die Sicherheit, das Vertrauen, das Kinder in diesem Alter ihren Eltern überwiegend entgegenbringen, wird durch ein anderes ›Lebensmuster‹ ersetzt – sie empfinden Ohnmacht und Verrat. Traumata aber sind nicht zu bewältigen, von Kindern so wenig wie von Erwachsenen, sie werden eingefroren und verdrängt. Was nicht der Arbeit der Erinnerung und damit auch der Veränderung zugeführt werden kann, lebt in einem fort und zwingt zur Wiederholung. Das erklärt vielleicht auch, warum diese Tradition immer weiter fortleben kann.«[281]

Verdrängung als Schutz

Dass das damalige Kind dieses Trauma vom Bewusstsein abgetrennt hat, erkennt man an den Äußerungen der erwachsenen Männer, in denen sie es leugnen und die blutige Verstümmelungstradition bagatellisieren. Jedoch bleiben sie dabei nicht kühl, teilnahmslos und gelassen. Geht es um die Verstümmelung des weiblichen Körpers, ist ihr Urteil unbestechlich, hier geben sie sich aufgeklärt und dulden Traditionen oder religiöse Vorschriften nicht als Begründung.

Dieselbe Urteilskraft fehlt ihnen jedoch, wenn es um den eigenen verletzten Körper geht, dann wagen sie nicht, von einer Verletzung zu sprechen. Mancher sagt, man müsse das den Medizinern überlassen, medizinische Laien könnten das nicht klären oder entscheiden.[282] Es gelingt ihnen deswegen nicht, weil die Beantwortung der Frage, ob die Vorhautamputation Körperverletzung ist oder nicht, in Wirklichkeit tiefer geht als das bloße Bestätigen oder Widerlegen einer Tatsache. In dieser Frage geht es um sie selbst, und zwar um das, was sie in den Tiefen ihrer Seele bewegt; es geht um existenzielle Fragen des eigenen Seins.

Ungezählten, im Baby- oder Kleinkindalter verstümmelten Männern ist das Trauma nicht erinnerlich, und deshalb sind sie davon überzeugt, dass die Vorhautamputation keinen bleibenden Schaden hinterlässt[283] oder allenfalls an einer ›unbedeutenden‹ Stelle des Körpers, aber doch sicher nicht an der Seele.[284] Sie alle können hinsichtlich der Frage, ob das Abschneiden des vorderen Drittels der Penishaut Körperverletzung sei, keine eindeutige Auskunft geben.[285] Viele, vielleicht sogar die meisten muslimischen und jüdischen Männer bagatellisieren daher ihre Verletzung. Mancher versucht, sein unbestimmtes Gefühl der Beklemmung durch flapsige Bemerkungen zu überspielen.[286] Das ist aus ihrer Sicht heraus verständlich; wer stellt sich schon gern den unangenehmen, gar schmerzvollen Tiefen des eigenen Seins, zumal, wenn sie unbewusst geblieben sind? Solange aber die Traumen unbewusst bleiben, ist man dazu ›verurteilt‹ sie zu wiederholen. Dies geschieht Generation um Generation.[287]

Und doch muss tief in ihrer Seele ein überwältigender Schmerz liegen, den sie zu bestimmten Anlässen als Bedrohung erleben. Zwar sind sie sich des Traumas nicht bewusst, denn der damalige, blutig verletzte, genitalverstümmelte Säugling hat das Ereignis, um sein Überleben zu sichern, von seinem bewussten Selbst abgespalten, wie im obigen Zitat gesehen.[288] Dennoch ist es da, tief vergraben, und kann jederzeit starke Gefühle hervorrufen, die plötzlich mit Vehemenz aufbrechen. Symptomatisch schien mir die Reaktion vor allem der jüdischen Gläubigen, als das Landgericht Köln im Urteil vom 7. Mai 2012 die Beschneidung eines Jungen als Körperverletzung gewertet hatte.

Die Religionsfreiheit sei in Gefahr, urteilte der damalige Vorsitzende des Zentralrats der Juden in Deutschland, Dieter Graumann. Er sah das Ende jüdischen Lebens in Deutschland gekommen, sollte sich die Kölner Rechtsauffassung durchsetzen. Bemerkenswert aber ist für den hier erörterten Zusammenhang seine Erwiderung auf den Vorwurf, jüdische Eltern fügten ihren Kindern unnötiges Leid zu: »Die Liebe zu Kindern ist in der jüdischen Religion sehr tief ver-

Schwarze Pädagogik und Religion als Zwillinge

wurzelt«, so Graumann. »Jüdische Väter und Mütter gehen für ihre Kinder durchs Feuer.«[289] Hier haben wir wieder das Phänomen des manipulatorischen Betrugs, das wir bereits bei den Empfehlungen der Apologeten der Schwarzen Pädagogik kennengelernt haben:

Wahre Liebe kommt von Gott. Sie ist vor allem auf das geistliche Wohl des Kindes bedacht, mag dadurch auch zeitweise sein körperliches und emotionales Wohl zurückstehen müssen. Oder wie der Pädagoge es formuliert hat: »Sie versteht auch durch Wehetun wohlzutun.«[290]

Die Heftigkeit der Reaktionen auf die nüchterne Feststellung eines Sachverhalts – Beschneidung ist Körperverletzung – ergibt nur dann einen tieferen Sinn, wenn mehr im Spiel ist als die Fortführung einer alten Tradition. Es geht nicht bloß um ein religiöses Ritual. Davon gibt es unzählige, und die weitaus meisten darf man als vollkommen harmlos klassifizieren. Nein, bei der uralten Tradition der Verletzung wehrloser Säuglinge und Heranwachsender an einem ihrer empfindsamsten Körperorgane geht es den meist männlichen Religionsvertretern um nichts weniger als die Unversehrtheit ihrer eigenen verletzten Seele, die seit Jahrzehnten das einstige Trauma mühsam abgespalten und in unerreichbaren und daher unbewussten Tiefen vergraben hat. Mit einem Wort: Es geht um ihr ureigenes Sein im absoluten Sinn.[291]

Dieses Sein steht in unauflöslicher Verbindung zum Sein der eigenen Eltern, zu ihren erlittenen und verdrängten Traumen, die sie an das eigene Kind unreflektiert, weil unbewusst weitergegeben haben. Und es geht um das verinnerlichte Welt- und Gottesbild, das diese Frommen ihren Eltern verdanken, deren Zuneigung sie nicht verlieren wollen. Das lebendige Bild ihrer Eltern entspricht dem Bild, das diese ihnen von Gott vermittelt haben. Es zu hinterfragen, war ihnen nicht in den Sinn gekommen, es erschien auch nicht notwendig, da der Gott ihrer Eltern barmherzig und tolerant war und sie liebte. Und so wie dieser Gott war, so benahmen sich ihre Eltern: Sie gehen für ihre Kinder »durchs Feuer«, hatte Graumann festgestellt. Und es ist wahr: Tatsächlich sind diese Kinder unter gütigen Eltern aufgewachsen. Und das Beste, was solch liebende Eltern ihren Kindern mitgeben können, ist die Gewissheit, Gottes Wohlgefallen zu haben. Dies geschieht durch das Einhalten auch solcher Gebote, die für das geliebte Kind schmerzhaft sein mögen.

Sonst aber sind die Eltern voller Fürsorge, Liebe, Zuwendung, so wie ihr Gottesbild es ihnen vorlebt und wie sie es ihren Kindern vermitteln. Gott ist so, wie diese es bei den Eltern täglich erleben. Diesen Gott braucht der Erwachsene ebenfalls nicht zu fürchten, im Gegenteil, seine Liebe, seine Fürsorge und wohlwollende Aufsicht empfinden in der Kindheit behütete Gläubige ebenso angenehm wie die elterliche Liebe, Fürsorge und wohlwollende Aufsicht damals.

Die Verletzung des damals schutzlosen Körpers haben Menschen wie der Islamreformer Khorchide[292], der Vertreter des religiösen Judentums, Graumann[293] und mit ihnen Millionen genitalverstümmelter Männer nicht als Erinnerung zur Verfügung. Das Trauma fand zu einer Zeit statt, da ein Kind bzw. ein Säugling den Schmerz zwar bewusst erlebt, ihn aber, weil er überwältigend ist, vom Bewusstsein abspaltet, um zu überleben. Daher behält er die schmerzliche Erinnerung daran nicht im Gedächtnis. Da das Kind allein die liebenden Eltern erinnert, ist es dem späteren Erwachsenen unmöglich, sie infrage zu stellen oder ihnen gar die damalige Verletzung vorzuwerfen.

Das heißt nicht, dass die Erinnerung überhaupt nicht hervorgeholt werden könnte. Oben hatten wir sehen können, dass es geht, aber es ist ein schmerzvoller Prozess.[294] Auch können die Folgen weitreichend sein, die Gefühle heftig ausfallen.[295] Vor solchen unabsehbaren Folgen schrecken die meisten genitalverstümmelten Männer zurück.

Das Infragestellen der elterlichen Liebe würde die enge Bindung zu ihnen bedrohen. Da diese Bindung bewusst stets als angenehm erlebt wurde, weil man sich ihrer Liebe sicher war und immer noch ist, käme es einem Verrat gleich, dies alles nun anzuzweifeln. Denn Kritik an einer konkreten Handlung der Eltern wäre dazu geeignet, das gesamte Koordinatensystem des bisherigen Lebens zu schwächen oder es gar zu zerstören. Dazu aber sehen diese Gläubigen keinen Anlass, denn sie wollen und können ihre kostbare Bindung an die Eltern nicht gefährden. Verlören sie sie, ginge damit auch ihr bisheriges Gottesbild verloren, denn es bekäme ebenso erste Risse wie das Bild ihrer bisher idealisierten Eltern.

Gemäßigte Muslime oder Reformer deuten daher die heiligen Texte neu, setzen sie in ihren historischen Zusammenhang und können so die unliebsamen Passagen entschärfen. Dies tun sie im Einklang mit dem Gottesbild, das ihnen ihre liebenden Eltern exemplarisch vorgelebt haben. Der barmherzige Allah, den sie durch die Weichbrille der Eltern wahrgenommen haben, war gütig, warmherzig und voller Wohlwollen. Dieser liebende Gott ist für sie daher der einzig wahre.

Das durch die Eltern vermittelte und verkörperte, weil vorbildhaft gelebte Gottes- und Weltbild ist auch das Ihre. Es liefert Orientierung und Seinsgewissheit in einer Welt zunehmender Unwägbarkeiten. Zudem schützt es vor den Zumutungen einer Reise in ein Inneres, das möglicherweise so rein und makellos nicht ist, wie es das Idealbild der Eltern sowie Allahs und seines Propheten bisher war.

Begegnen ihnen grausame und bluttriefende Passagen des Koran, können sie sie mithilfe des elterlich vermittelten Koordinatensystems richtig deuten. Sie wissen dann echt von unecht zu unterscheiden, Gotteswort von Menschenwort und symbolische Schilderung von verbürgtem Tatsachenbericht. Der solcherart bereinigte Islam ist wahr, so wahr wie ihr eigenes Leben und wie das ihrer Eltern. Ihr Bild von Gott ist richtig, so richtig wie das Bild, das sie sich von ihren Eltern machen konnten, die sie vor allem lieben.

Diese Gläubigen kennen dieses Bild, diese Welt, diesen Gott, diese Eltern und diese ihre unbeschwerte und schmerzfreie Kindheit. Dies alles ist das wahre Abbild ihrer eigenen Wirklichkeit. Eine andere ist nicht vorstellbar, nicht denkbar und daher inexistent. Eine Welt ohne Allah und seinen Propheten ist ihnen wesensfremd. Die bloße Erwägung der Möglichkeit an ein Leben in Gottesferne (das ist Elternferne) ängstigt, denn das haben sie zu keiner Zeit erlebt, es gehört nicht zu ihrem Erfahrungsschatz.

Die Denkwelt der Ungläubigen kennt man allenfalls vom Hörensagen und aus Büchern, die Gottlose geschrieben haben. Ihre Gedanken sind so fremd, dass sie in Wirklichkeit nicht nachvollziehbar sind. Ein Kind, das gute, achtsame Eltern hat, kann sich nicht vorstellen, dass Eltern böse sein könnten. Ein Gläubiger, der allein den guten Gott erlebt hat, kann keinen Gott denken, der niederträchtig, bösartig, grausam und gewalttätig ist. Berichte darüber können nicht der Wahrheit entsprechen. Sie müssen von Unwissenden oder übel meinenden Ungläubigen stammen, die mit böser Absicht das Bild Gottes verzerren.

Die Denkwelt vieler Gläubiger ist trotz verschiedener Religionen im Kern gleich. Was ihrem Bild entspricht, das sie vom Unsichtbaren haben, ist wahr. Was ihm widerspricht, muss falsch sein. Besonders für fundamentalistische Gläubige ist die Welt der Ungläubigen schrecklich, öde, fad und leer. Sie ist ohne Gottesfurcht, daher unmoralisch, in ihr ist alles erlaubt. In dieser Haltung, die von den Wohlerzogenen unter ihnen so sicher nicht formuliert würde, sind sie sich dennoch gleich. Dies dient dem Schutz der eigenen Glaubenswelt. Diese muss erhalten bleiben, ihr Wegbrechen wäre eine Katastrophe, oder wie es der emeritierte Papst, Joseph Ratzinger (berühmter Vertreter des konservativen Katholizismus), formuliert hat: Der Glaubende würde herabfallen in »die bodenlose Tiefe des Nichts«.[296]

Unschärfe des Glaubens und Klarheit des Denkens

Behütet aufgewachsene Muslime können ihren Glauben an Gott und damit an ihre Eltern nicht aufgeben. Daher ist es ihnen auch nicht möglich, Verstörendes oder gar Grausames in ihrer Religion mit den Augen des objektiven Beobachters zu betrachten. Weil dies nicht gelingt, beurteilen sie zum Beispiel die Genitalverstümmelung von Mädchen und Jungen verschieden und lehnen das eine vehement ab, während das andere für sie nicht so leicht zu beurteilen, geschweige denn eindeutig abzulehnen ist. Die Ablehnung, ja Verurteilung der Mädchenverstümmelung gelingt auch deshalb mühelos, weil sie möglicherweise nicht Teil der Tradition und des Glaubens ist, aus denen sie selbst stammen. Das Urteil: Körperverletzung und die Konsequenz daraus, nämlich ein Verbot solcher Handlungen, sind für diese liberalen Gläubigen, auch deswegen zwingend, weil sie dieser Tradition gegenüber die Rolle des Beobachters einnehmen. Während sie die Gewalt gegenüber den Mädchen fremder Kulturen klar, unmissverständlich und treffsicher beurteilen können, versagen sie, wenn es um ein ähnliches Vergehen am Körper von Jungen geht. Hier gelingt es ihnen nicht, die zur objektiven Beurteilung eines Sachverhalts nötige innere Distanz aufzubringen. Zu sehr ist ihr ganzes Sein jener Kultur verbunden, die ihre Jungen seit Jahrhunderten blutig verletzt.

Das schreiende Unrecht erkennen sie nicht, da ihre Sicht durch den Glauben eingeschränkt ist. Ob die Verstümmelung von Kindern oder durch Gott oder den Propheten verübte Mordtaten – Unrecht bleibt Unrecht, egal, wer es begeht: ein Gott, sein Gesandter oder die eigenen idealisierten Eltern. Dieses klare Werturteil gelingt Gläubigen offenbar nicht uneingeschränkt. Hat Gott getötet? Dann hatte er dazu berechtigten Grund. Hat der Mensch getötet? Dann ist es Unrecht. Ist der Mensch ein Abgesandter aus göttlichen Sphären und mordet Ungläubige? Dann muss man das im historischen Kontext lesen, denn: »Gott ist barmherzig.« und: »Islam ist Frieden.«

Solche Unschärfe da, wo kristallklares Urteil zwingend geboten wäre (es geht um nichts Geringeres als Tod und Leben von Menschen, denen nach diesem kein zweites Leben gegeben wird), begegnet uns immer dann, wenn sentimentaler Glaube an den einzig wahren Gott den Blick trübt. Dann ist selbst Mord, dann ist Vergewaltigung und dann ist die Entrechtung Schwacher oder Ungläubiger kein Verbrechen – denn Gott kann ja keine Verbrechen begehen, weil er gut ist –, und die Berichte darüber müssen historisch kontextualisiert und *richtig* gedeutet werden. Die eigene Deutung des Gotteswortes ist selbstredend die richtige ...

Zu dieser Dialektik gelangt, wer das eigene Gottes- und Weltbild notwendig verteidigen muss, da er sonst die »bodenlose Tiefe des Nichts«, die Auflösung aller Werte und die absolute Beliebigkeit von Ethik und Moral befürchtet. Dass diese Dialektik in der klaren Benennung von Sünde des Menschen und absolutem Recht des völkermordenden Gottes ihrerseits in die Auflösung aller Werte und in das Ende jeglicher Moral und vernunftgeleiteter Ethik führt, erkennt nicht, wessen Blick durch den Schleier religiöser Empfindung getrübt ist.

Aus meiner Sicht als ›renitenter Atheist‹ ist dies das Dilemma liberaler, gemäßigter Muslime. Sie bemühen sich, den Islam zu reformieren – wozu ihnen jeglicher Erfolg zu wünschen ist – und möchten damit ihre Religion verbessern. Während sie mit dem Werkzeug rationaler Vernunft das Unerklärliche und Widersprüchliche zu erhellen versuchen, verstricken sie sich jedoch – meiner Ansicht nach – in immer schwerwiegendere Verstöße gegen ebenjene Vernunft. Man kann Glauben nicht mit Vernunft begründen, er ist und bleibt im Wesenskern irrational. Nach meiner Beobachtung sind Gläubige zu dieser Einsicht, die distanziertes Urteil und argumentative Redlichkeit verlangt, nicht in der Lage. Es ist zu vermuten, dass sie es im tiefen Inneren auch nicht anstreben. Von ihrem Standpunkt aus betrachtet, kann ich das gut nachvollziehen.

Die Religion der eigenen Eltern infrage zu stellen, erfordert Mut und innere Distanz. Nicht jedem erscheint ein solcher Schritt erstrebenswert, vor allem dann nicht, wenn die Eltern voller Liebe und Zuwendung waren und wenn die eigene Gottesvorstellung mit positiven Erfahrungen verknüpft ist. Dann ist eine derartige grundlegende Infragestellung wohl auch nicht erforderlich, zumal kein Schaden entsteht, weder nach innen noch nach außen.

Wer jedoch weniger gütige Eltern hatte, und wessen Gottesbild infolgedessen durchaus mit gewalttätigen Erfahrungen verknüpft ist, mag eher geneigt sein, beides infrage zu stellen. Dann ändert sich der Blickwinkel und man wagt kritische Distanz selbst da, wo das eigene Sein im Inneren berührt wird oder gar verletzt zu werden droht. Gott und sogar die eigenen Eltern werden nun nicht mehr verschont, ihre Wertmaßstäbe und ihre vermeintlich ewig gültige Moral mit den Mitteln des Verstandes und der Vernunft sorgfältig geprüft. Halten sie der Überprüfung stand, dürfen sie bleiben – sind sie jedoch fehlerhaft oder gar untauglich für ein gelungenes Leben, werden sie verworfen.

Mag sein, dass die eigenen Eltern solch kritisches, distanziertes Ausleuchten ihres eigenen Tuns an den Kindern nicht gutheißen und das ›rebellisch‹ gewordene Kind verstoßen, dennoch werden sie den Weg in die geistige Unabhängigkeit nicht länger versperren können. Wer erst einmal die Freiheit des Denkens für sich entdeckt hat, wird sie nicht wieder hergeben wollen, selbst wenn diese Freiheit am Ende ein Leben ohne Gott und die eigenen Eltern bedeutet.

Zeugen Jehovas

Aktive Angehörige und Aussteiger aus der Glaubensgemeinschaft der Zeugen Jehovas haben gewissermaßen zwangsläufig ein voneinander stark abweichendes Bild dieser Gruppe. Ebenso unterscheidet sich höchstwahrscheinlich ihr Bild, das sie von den jeweiligen Eltern in sich tragen. Oft kann man jedoch feststellen, dass Aussteiger ein idealisiertes Bild ihrer Eltern behalten haben, obwohl sie unter deren rigider Auslegung der Glaubensregeln der *Wachtturm-Gesellschaft* leiden mussten. Wie kommt es dazu?

Die meisten Zeugen Jehovas in Deutschland kamen durch Geburt in die Gemeinschaft. Oft waren die Eltern selbst Kinder von Zeugen Jehovas oder ihre Eltern haben den Glauben angenommen, als sie, die Kinder, noch sehr klein waren. Sich der Gemeinschaft anzuschließen, war also nicht ihre Entscheidung. Während sie durch das Vorbild und die Erziehung ihrer Eltern mit dem Glauben aufwuchsen, wurde die tägliche Glaubenspraxis zu einer Selbstverständlichkeit ihres Lebens. Viele dieser Kinder wuchsen unter recht angenehmen Bedingungen in behüteten Verhältnissen auf. Ihre Eltern liebten sie um ihrer selbst willen und lebten durch gutes Beispiel vor, wie man Glauben und Alltag ohne Verbissenheit oder Fanatismus zusammenbringen kann. Auch gewährten ihnen die Eltern recht großzügige Freiheiten, weswegen sie mitunter von eilfertigen, weniger liberalen Glaubensgenossen schief angesehen wurden.

Da sie jedoch gegen keine der Regeln verstießen und die Pflichten aktiver Zeugen Jehovas gewissenhaft erfüllten, war ihr Verbleib in der Gemeinschaft zu keiner Zeit gefährdet. So wuchsen ihre Kinder in guten Verhältnissen auf und erlebten weder ihren Gott noch ihre Eltern oder die Glaubenswelt als bedrohlich oder einengend. Ausgeglichene Kinder werden zu ausgeglichenen Erwachsenen. Das angenehme Erbe ihrer Eltern gaben sie ihrerseits an ihre Kinder weiter. Diese wiederum konnten in dem Rahmen, der durch den Glauben und die Gemeinschaft vorgegeben war, ungehindert aufwachsen, konnten ihre Persönlichkeit entfalten und ihre Begabungen und Fähigkeiten sowohl für sich selbst als auch nutzbringend für die Gemeinschaft einsetzen.

Welchen Grund sollten solche Kinder haben, diese ihnen wohlgesonnene Umwelt aufzugeben oder das gute Erbe ihrer Eltern abzulehnen? Ihre Welt war von Beginn ihres Lebens an in Ordnung, es fehlte darin nichts, sie mussten auf nichts verzichten, was ihnen zur Entfaltung ihrer Persönlichkeit gefehlt hätte. Es war alles vorhanden, was für ein friedliches, erfolgreiches Gedeihen nötig war: Liebe, Zuwendung, Begleitung, Ordnung, Orientierung und ein festes Ziel im Leben.

Der Gott solcher Kinder war sanft, freundschaftlich, mit lebhaftem Interesse um ihr Wohl bemüht, er bedrohte sie nicht, tat ihnen nicht weh und unterstützte sie, wo immer es geboten schien. Und das Beste: Wenn sie ihm treu blieben, würde er sie mit etwas ganz Kostbarem belohnen: mit ewigem Leben auf einer Erde, die zuvor von aller Schlechtigkeit gereinigt und nun zu einem Paradies verwandelt worden war. Kann es etwas Besseres geben als ein Leben im Hier und Jetzt, das in jeder Beziehung bisher gut verlaufen war und gegenwärtig weiter gut verläuft und das in nicht allzu ferner Zukunft mit solchen Aussichten gekrönt zu werden verspricht?

Zeugen Jehovas, denen eine solche Kindheit vergönnt ist oder war, brauchen keine Verbesserung ihrer Situation. Sie haben alles, was sie benötigen, sind in die Gemeinschaft von Familie und Glauben fest und sicher eingebunden, ihnen mangelt es an nichts, und sie haben zudem einen Sinn im Leben, der sie zuversichtlich stimmt und sie ausfüllt. Dass solche Menschen an ihrer durch und durch befriedigenden Lebenssituation etwas verändern, ist sehr unwahrscheinlich. Und niemand sollte ihnen dazu raten.

Ganz anders ist die Sachlage jedoch, wenn Menschen nicht das große Los im Leben gezogen haben. Viele Aussteiger hatten keine unbeschwerte Kindheit. Schon ihre Eltern hatten sie nicht und gaben dann das vergiftete Erbe ihrer eigenen Kindheit unreflektiert an ihre Söhne und Töchter weiter. Was war nun das Erbe vieler Zeugen Jehovas? Wir hatten es zum Gegenstand dieser Betrachtungen. Das Erbe heißt: Erziehung im Namen Gottes – Religion als Komplizin der Schwarzen Pädagogik. Autoritäre Eltern bekämpften gleich zu Beginn mit dem Segen monotheistischen Gedankenguts und seiner Verkünder über Jahrhunderte die von den Experten in Sachen Gottesdeutung und Menschenführung angedichtete sündige, teuflische Natur des Kindes, die sich in unbändigem Schreien und anderen Wunderlichkeiten oder dem Eigensinn des Kindes manifestierte. Das geschah nicht allein durch Schelten und energisches Einfordern des Gehorsams, sondern ausdrücklich auch mit der sprichwörtlichen Rute der Zucht.[297] Diese wurde besonders dann eingesetzt, wenn das Kind nichts lernte, weinte und Schaden tat, »um euch zu kränken«. Der kindliche Ungehorsam galt als »Kriegserklärung« und Angriff auf die legitime Herrschaft der Eltern. Diese waren »befugt, Gewalt mit Gewalt zu vertreiben, um euer Ansehen zu befestigen«.[298]

Selbstentfremdung durch Kultur

Generation auf Generation von Kindern war damit der absoluten Macht ihrer Eltern ausgeliefert, die selbst die Traumen ihrer eigenen Kindheit wie in einem Spiegel in den Kindern entdeckten. Dies rief erneut den Schmerz ihrer eigenen Kindheit hervor, als sie den gewalttätigen Eltern schutzlos ausgeliefert waren, und nun, endlich in der Rolle des Stärkeren, wehrten sie sich und schlugen ihre Kinder. So wurde über Jahrhunderte eine unselige Tradition aus Gewalt, Traumatisierung und erneuter Gewalt unreflektiert beibehalten und von Mal zu Mal ›vererbt‹.

Mit diesem Erbe beladen waren die Eltern der damaligen Kinder in die beiden schrecklichen Heimsuchungen der ersten Hälfte des 20. Jahrhunderts getaumelt, in denen Kadavergehorsam und durch Erziehung abgetötete Lebendigkeit nützliche Grundvoraussetzungen waren. Die Kriegskinder hatten nichts als Entbehrung, Gewalt und aus deren innerer Not prügelnde Eltern erlebt. Unfähig, ihren Kindern etwas anderes vorzuleben oder sie um ihrer bloßen Existenz willen anzunehmen und vorbehaltlos zu lieben, hatten diese Eltern den Kriegskindern ein vergiftetes Erbe aufgebürdet, das sie nicht loswurden. Und so erzogen die Kriegskinder ihre Kinder im selben Geist und mit denselben Methoden, die ihnen als einzige Möglichkeit vor Augen standen.

In dieser inneren Verfasstheit kamen einige von ihnen auch zu den Zeugen Jehovas. Dort vernahmen sie gleich nach Kriegsende und auch in den darauf folgenden Jahrzehnten die biblische Botschaft von der sündigen Natur des Menschen, mit der auch schon die Kleinsten behaftet sein sollen. Die Methoden, den ›teuflischen Eigensinn‹ aus den im Sinne Jehovas zu formenden Kindern herauszubekommen, waren jene, die sie selbst in ihrer Kindheit als alternativlos am eigenen Leib zu spüren bekommen hatten. Die erlebte und an den eigenen Kindern fortgeführte Gewalt in der Erziehung – in der sich das eigene, nicht bewusst gemachte Trauma manifestierte – erhielt auf diese Weise ihre Legitimation aus höchster Quelle: Der Schöpfer des ganzen Weltalls selbst hatte das Schlagen und das Brechen des kindlichen Willens sanktioniert. Das war das ideologische, religiös begründete, gewaltgeneigte Biotop, in dem die Kinder der Kriegskinder aufwuchsen. Aus der im ersten Teil über die Zeugen Jehovas erwähnten Familie des gewalttätigen Vaters gibt es folgenden persönlichen Bericht eines der Kinder:[299]

»Später (da hatte ich längst eine eigene Wohnung und lebte mein eigenes Leben) habe ich in einem Gespräch einmal versucht, meinem Vater zu erklären, wie ich als Kind ihm gegenüber empfunden habe. Anlass war mein Ausscheiden aus dem Dienst in der Zentrale der Zeugen Jehovas (*Wachtturm-Gesellschaft*). Diesen Schritt hatte ich getan, und hatte dabei nicht im entferntesten daran gedacht, meinen Vater davon in Kenntnis zu setzen. Ich war gesundheitlich stark angeschlagen und hatte ganz existenziell mit mir zu kämpfen, es blieb dabei kein Gedanke an den Vater und seine Befindlichkeiten. Man muss wissen, dass er einerseits zwar jeglichen Erfolg, den ich als Heranwachsender in der Gemeinde verbuchen konnte, argwöhnisch beäugte und mir auch schon mal riet, mir das Lob der Glaubensgenossen ›nur ja nicht zu Kopf steigen‹ zu lassen. Andererseits aber ließ er sich gern dafür loben, wenn er mit stolzgeschwellter Brust vor anderen damit prahlte, dass sein Sohn ›im *Bethel* (*Wachtturm*-Zentrale) dient‹.[300] Dass diese Gelegenheit, Lob zu ernten, nun nicht mehr vorhanden war, kränkte ihn. So kam er eines Tages zu Besuch und stellte mich zur Rede. Er wollte wissen, wieso ich nicht zuallererst ihm, dem Vater, von meinen Plänen berichtet habe; er sei schließlich als Vater derjenige, dem als Erstem über derartige Veränderungen Bericht zu erstatten sei. Ich erklärte ihm in ruhigem Ton, dass mein Gesundheitszustand mich nicht in die Lage versetzte, zuerst an ihn zu denken, und dass der wahre Grund dafür auch darin liege, dass ich zu ihm nie das Vertrauen hatte, das für solche Gespräche nötige Voraussetzung sei. Ich erinnerte ihn an eine Begebenheit, die ich als damals Zehnjähriger besonders angsteinflößend empfunden hatte:

Mein Bruder hatte wieder einmal des Vaters Zorn erregt, sei es durch Widerworte oder durch das Nichtbefolgen unsinniger Gebote, und nun war er ihm in rasender Wut in unser gemeinsames Zimmer gefolgt, während er die ganze Zeit blindlings auf ihn eindrosch. Dabei schlug er wahllos überall hin, auch ins Gesicht und den ganzen Körper. Mein Bruder winkelte den Arm an, um die härtesten Schläge gegen seinen Kopf abzuwehren, vielleicht auch, um die schlagende Hand des Vaters etwas zurückprallen zu lassen. ›Du wagst es, gegen deinen Vater die Hand zu erheben?‹, keuchte er und schlug weiter auf meinen Bruder ein. Der lag inzwischen auf dem Boden und sagte leise: ›Ich blute.‹ Tatsächlich war sein Kopf an einigen Stellen mit Blut überlaufen, das aus Mund und Nase rann. ›Das ist mir egal!‹, schrie mein Vater nun noch wütender und setzte seine Prügelorgie fort. ›Ich werde dir beibringen, gegen deinen Vater die Hand zu erheben!‹ keuchte er sichtlich außer Atem. ›Wage es noch einmal, gegen deinen Vater zu rebellieren, und du kannst was erleben!‹ Schließlich ließ er von ihm ab, nachdem mein Bruder es am Boden liegend aufgegeben hatte, sich weiter zu wehren. –

›Weißt du, wie ich damals gezittert habe vor Angst, als ich euch beiden beobachten musste? Ich hab mich gar nicht getraut, mich von meinem Bett wegzubewegen, saß zusammengekauert da und hatte einfach nur schreckliche Angst. Ich hatte vor dir immer nur Angst, das ist das einzige Gefühl, das ich dir gegenüber hatte. Und wenn man Angst hat, kann man nicht vertrauen.‹ Mein Vater war empört: ›Wie kannst du es wagen, die alten Geschichten wieder auszugraben? Das ist alles längst vorbei. Ja, ich habe Fehler gemacht, aber ich weiß, dass Jehova mir vergeben hat. Wie kannst du da wieder die alten Geschichten hervorholen und mich anklagen?‹ – ›Ich habe dich nicht angeklagt‹, entgegnete ich, ›ich habe deine Frage beantwortet, wieso ich nicht zuallererst dich informiert habe, dass ich aus dem Betheldienst ausscheide. Ich hatte einfach kein Vertrauen.‹ Mein Vater konnte sich nur mühsam zurückhalten, aber er schaffte es. Die Zeiten, in denen er ohne Zögern zuschlagen konnte, waren endgültig vorbei und ich damals neunundzwanzig.

›Ich muss mal zur Toilette‹, sagte er abrupt, stand auf und ging. Meine Mutter versuchte mich ins Gebet zu nehmen: ›Musste das denn sein? Musstest du unbedingt wieder damit anfangen?‹ – ›Ja, Mama‹, sagte ich, ›es musste sein. Er muss einfach einmal erfahren, was seine Erziehung damals mit uns Kindern gemacht hat.‹ – ›Aber du weißt doch, wie ihn das aufregt, wenn über die Vergangenheit gesprochen wird.‹ – ›Ja, das weiß ich. Aber wann soll er es denn mal erfahren, wenn nicht jetzt, wo er gefragt hat?‹ Meine Mutter verzog das Gesicht: ›Ich weiß nicht, ob das wirklich so gut war. Da wird er wieder die nächste Zeit Kopf- und Magenschmerzen bekommen.‹ – ›Mama, weißt du, wie oft ich damals Kopfschmerzen hatte? Jede Woche, immer am gleichen Tag hatte ich diese verdammte Migräne. … Er wird es überleben, zäh genug ist er ja.‹ –

Mein Vater kam schließlich zurück und rüstete sich, zu gehen. ›Wir müssen los. War ja gut, dass wir uns wieder mal gesehen haben. Dann machs mal gut.‹ Meine Mutter beeilte sich, ging in den Flur und nahm ihren Mantel, ich half ihr. ›Papa, du hast gefragt und ich hab dir ehrlich geantwortet. Sei mir nicht böse, aber ich denke, es ist besser, dass du erfährst, wie ich wirklich denke.‹ – ›Ja‹, sagte er, ›ist gut. Also dann tschüss!‹ –

Ich glaubte, damit sei alles gesagt und mein Vater hätte ein Einsehen gehabt. Doch ich sollte mich getäuscht haben. Nach ungefähr einer Woche kam ein Brief mit seinem Absender. Ich konnte nicht glauben, was ich da lesen musste. Es standen darin Sätze wie: ›Ihr habt mir und der Mama immer nur Schwierigkeiten gemacht. Wie oft habt ihr gegen uns rebelliert und wart ungehorsam! Ich sehe, dass sich eure rebellische Haltung nicht geändert hat, ihr seid nach wie vor die Kinder des Teufels. Ich weiß, dass Jehova mir meine Sünden vergeben hat, aber wird er eure rebellische Haltung und euren Ungehorsam gegen eure Eltern vergeben? Kehrt um, solange es noch nicht zu spät ist. Andernfalls will ich euch nicht mehr sehen.‹ Und so weiter und so fort. Den genauen Wortlaut habe ich nicht mehr, denn damals hatte ich mich entschieden, diesen vergifteten Brief nicht aufzuheben, und warf ihn ins Feuer.

Das war also die Wirkung meiner ehrlichen, aber ruhig vorgetragenen Antwort auf seine Frage. Nichts hatte sich aus seiner Sicht verändert, seine gewalttätige Erziehung war ihm nicht als Problem bewusst geworden. Er konnte nicht erkennen, wie sehr diese Art der Erziehung unser Verhältnis zu ihm beeinträchtigt hatte; ja, in Wirklichkeit hatte die jahrelange Gewalt die Bande zwischen uns zerstört. Und das konnte er nicht sehen. Stattdessen fühlte er sich nach wie vor im Recht und seine Kinder begingen den schweren Fehler, noch immer nicht gehorsam und unterwürfig zu sein. Mit seinem Brief hatte er bewiesen, dass sich an seiner Haltung nichts geändert hatte.

Ich musste einsehen, dass ein versöhnliches Gespräch mit diesem Mann auch künftig nicht möglich sein würde. Daher beschloss ich für mich selbst, mit diesem Menschen, der mir nur meine Kraft raubte, nichts mehr zu tun haben zu wollen, und brach den Kontakt zu ihm ab. Einige meiner Geschwister konnten diesen Schritt nachvollziehen, anderen fiel es schwer. So haben wir alle, jeder auf seine persönliche Weise, unseren Weg im Umgang mit dem Vater gehen müssen. Inzwischen ist er schon seit einigen Jahren tot, daher stellt sich die Frage nach dem Kontakt nicht mehr. Ich maße mir nicht an zu sagen, dass mein Weg der richtige war. Es war mein

Weg, der für meine Geschwister kein Vorbild sein musste. Sie haben es tatsächlich auch anders als ich gehandhabt.«

So weit der Bericht. Wie gesagt, nicht alle Zeugen Jehovas erzogen ihre Kinder mit den Methoden der Schwarzen Pädagogik und der durch sie legitimierten Gewalt, aber doch sehr viele. Die damaligen Schriften der *Wachtturm-Gesellschaft* lieferten die Begründung und das Plazet für beide Erziehungsvarianten, sowohl die autoritäre (»Kinder müssen ihren Eltern gehorchen und wenn gütliches Zureden nicht ausreicht, müssen Eltern auch mal Strenge walten lassen und die buchstäbliche Rute der Zucht gebrauchen [Sprüche 23:13,14[301]]«) als auch die sanftere (»Die Rute der Zucht bedeutet nicht zwangsläufig körperliche Züchtigung. Es kann damit auch der wiederholte ernstliche Rat oder die stetige Ermahnung mit strengen Worten gemeint sein«).[302]

Viele ertrugen so viel Gewalt, körperliche wie psychische, nicht länger. Inzwischen hatten sich auch die äußeren Gegebenheiten gewandelt. Man hatte zunehmend deutlicher erkannt, dass Gewalt kein geeignetes Mittel ist, aus Kindern selbstbewusste und selbstbestimmte, gefestigte Erwachsene zu machen. Schließlich wurde das Schlagen von Kindern sogar gesetzlich verboten, ein Umstand, den auch die Zeugen Jehovas zur Kenntnis nehmen mussten. Nach und nach wandelte sich auch deren Einstellung in Fragen der körperlichen Züchtigung zu Zwecken der Erziehung. Für viele kamen solch moderne Ansichten jedoch zu spät. Ihre kaum rückgängig zu machende Verformung und Schädigung wollten sie nicht länger hinnehmen. Im Austritt aus der Glaubensgemeinschaft, die nach wie vor eigenständiges Denken, vor allem im Hinblick auf eigene Auslegungen der Bibel, mit dem Ausschluss bedrohte, sahen sie für sich den einzigen Weg zur Befreiung. Andere wollten und konnten nicht länger den strengen moralischen Vorgaben (kein Sex vor und außerhalb der Ehe) folgen, und bei manchem war »der Geist zwar willig, aber das Fleisch schwach«.[303] Sie alle gingen entweder selbst oder wurden ausgeschlossen, sofern sie ihren Fehltritt nicht bereuten und sich wieder in die Gemeinschaft einfügten.

Niemandem fällt eine solche Entscheidung leicht. Eine Regel der *Wachtturm-Gesellschaft* besagt, dass man ›reuelosen Sündern‹ keinen Gruß entbieten soll, was im Klartext heißt, dass man den Kontakt zu ihnen gänzlich abbricht. Dies ist für die Verstoßenen eine tiefe Kränkung. Diejenigen, die die Gemeinschaft aus eigenem Entschluss verlassen haben, werden in gleicher Weise behandelt. Oft sind sie aus ideologischen Gründen gegangen, das heißt, sie teilen die religiösen Ansichten der Zeugen Jehovas nicht mehr. Manche halten die Glaubensinhalte für unbiblisch oder unchristlich und wenden sich anderen Gemeinschaften zu. Andere werden zu veritablen Ungläubigen und können weder an göttliche Wesen noch sonst an irgendwelche übernatürliche Erscheinungen oder Wirkungen glauben.

Wie auch immer der Weggang des Einzelnen begründet sein mag, er stellt einen erheblichen Einschnitt in sein bisheriges Leben dar. Alles muss nun neu durchdacht, erwogen und justiert werden. Der bisherige philosophische Unterbau trägt nicht länger und es muss Ersatz geschaffen werden. So unterschiedlich die Begründungen für den Austritt aus der Gemeinschaft waren, so verschieden fällt der weitere Lebensweg aus.

Viele Aussteiger fallen in ein seelisches Loch, aus dem sie sich nur mit der Hilfe von Therapeuten befreien können. Zusätzlich nimmt so mancher Kontakt zu Leidensgenossen in entsprechenden Sektenausstiegsforen auf. Über das Erlebte tauscht es sich besser unter jenen aus, die vergleichbare Erfahrungen gemacht haben, weil sie derselben Glaubensgemeinschaft angehört haben. Der Verlust eines komplexen, mitunter umfangreichen sozialen Netzwerks muss verkraftet werden. Die Frage nach dem Sinn des Lebens stellt sich neu, und Krankheit und Tod, also die elementaren Fragen unserer Existenz, harren nun unter veränderten mentalen und sozialen Voraussetzungen ihrer Beantwortung. Dies alles gelingt vielen leichter, wenn sie sich austauschen können.

Dabei gerät zunächst aus dem Blick, welche Prägungen, Gewohnheiten und Wertmaßstäbe genuin der Glaubensgemeinschaft geschuldet sind und welche viel eher in der psychischen und intellektuellen Verfasstheit des eigenen Elternhauses ihren tatsächlichen Ursprung haben. Oft ist der Schuldige am erlittenen Unglück schnell ausgemacht: die Gemeinschaft mit ihrer strengen Moral und ihrer unbarmherzigen Regel, Abweichler und reuelose Sünder auszuschließen und zu ächten.

Mancher Aussteiger arbeitet sich selbst nach Jahren noch an den Lehren der *Wachtturm-Gesellschaft* ab und weist akribisch ihre theologischen Fehlinterpretationen und unchristlichen Deutungen der Heiligen Schrift nach. Andere machen die Glaubensgemeinschaft sogar für in der Familie erlittene Traumatisierungen verantwortlich und geißeln ihre Vertuschung durch die Führung. Wenn der Furor jedoch selbst nach Jahren nicht nachlässt, liegen vermutlich tiefere Ursachen als die strengen Glaubensregeln einer Sekte vor.

Davon handelt dieses Buch, und es ist unter anderem auch aus der Einsicht entstanden, dass es für so manchen nicht zu beruhigenden Zorn auf die vermeintlichen Verursacher des erlittenen Leids andere, weiter und tiefer reichende Ursachen geben muss. Genau diese sind hier untersucht worden. Ich hoffe, dass diese Informationen besonders Glaubens- oder Sektenaussteigern ähnlich nützlich sind, wie mir, als ich sie für dieses Buch zusammentrug. Und vielleicht kann so mancher nun besser mit seiner traumatisierenden Vergangenheit konstruktiv abschließen, als vor der Lektüre dieses Buches. Dies ist mein aufrichtiger Wunsch.

Befreiung vom Gift der Kindheit

Am Beispiel der oben zitierten Islamexperten wie auch an der Schilderung eines durchaus glücklichen Lebens in der Glaubensgemeinschaft der Zeugen Jehovas ist eines deutlich geworden: Ein Weltbild, das man für wahr hält, muss niemand aufgeben, schon gar nicht, wenn es, wie oben beleuchtet, offenbar keinen Schaden an der Seele angerichtet hat. Die Chance dazu steht günstig, wenn die eigenen Eltern wohlwollend, gütig, mitfühlend und tolerant waren. Dann durfte das Kind es selbst sein, auch dann, wenn seine Gefühle nicht gerade heiter, entspannt oder den Eltern zugewandt waren. Ein Kind, das jederzeit es selbst sein darf, dessen Eltern es in dem respektieren, was immer sein kleines Herz gerade bewegen mag, ein solches Kind kann zu einem Erwachsenen heranreifen, der in sich ruht, dessen Glück und Wohlbefinden nicht von äußeren Umständen abhängen. Wer in sich ruht, dessen innere und äußere Welt ist in Ordnung und dessen Weltbild benötigt keine grundlegende Neuordnung oder drastische Korrektur.

Religions- oder Sektenaussteiger haben in ihrem Leben jedoch eine solche Veränderung erfahren. Ähnlich dem Beispiel Hamed Abdel-Samads oder Ahmad Mansours hatten ihre Eltern offenbar keinen durchweg günstigen Einfluss auf die Entwicklung des Kindes zum Erwachsenen. Ein durch Schwarze Pädagogik und streng religiöse Vorschriften – selbst des Intimlebens – verformtes Kind wird kaum zu einer in sich ruhenden, selbstgewissen und starken Persönlichkeit heranwachsen. Hier können die Eltern tatsächlich gewaltigen Schaden anrichten, auch und gerade dann, wenn sie selbst bereits durch unreflektierte Schädigungen aus der eigenen Kindheit verformt worden sind. Unsichere Eltern erziehen unsichere Kinder. Gewalttätige Eltern erziehen gewaltgeneigte Kinder. Dabei spielt es eine untergeordnete Rolle, ob dies zusätzlich im Rahmen einer sektenähnlichen Glaubensgemeinschaft geschieht. Die Sektenideologie liefert lediglich das Rechtfertigungsgerüst für die Weitergabe eigener persönlicher Verformungen an die nächste Generation.

Wir haben es also nicht mit einem Sektenproblem zu tun, sondern mit den Auswirkungen der Erziehung durch Eltern, die ihrerseits durch Schwarze Pädagogik verformt worden sind.

Die Erkenntnis, dass unsere Eltern es waren, die unsere Kindheit und unser Leben als Erwachsene vergiftet haben, mag schmerzlich sein, aber sie ist unerlässlich, wenn wir das Gift aus unserer Seele verbannen wollen. Mit der Erkenntnis der eigenen erlittenen Verletzungen geht oft auch eine Schuldzuweisung einher. Diese ist notwendig, denn tatsächlich haben unsere Eltern mit ihren Erziehungsmethoden, mit ihrer Schwarzen Pädagogik, mit ihrer körperlichen Züchtigung, den Erniedrigungen und Manipulationen, mit denen sie uns traktierten, Schuld auf sich geladen.

Statt uns als Kinder zu lieben, zu wärmen, zu umsorgen und zu schützen, taten sie oft das Gegenteil: Sie enthielten dem Säugling die Nahrung vor, als er sie brauchte, und das, weil eine Vier-Stunden-Regel wichtiger war als seine unmittelbaren Bedürfnisse. Sie legten ihr Baby ab, wann immer es ihnen in den Kram passte, und kümmerten sich nicht um dessen elementares emotionales Bedürfnis nach Körperkontakt und Bewegung. (Der Erkenntnis »Ein Baby will getragen sein.« wurde entgegengehalten: »Lass das Kind liegen, es braucht nichts.«) Sie stellten selbst die größte Lebensbedrohung für uns dar, weil sie es verabsäumten, unsere bedingungslose, kindliche Liebe ebenso bedingungslos zu erwidern und uns dadurch zu signalisieren, dass wir willkommen und angenommen waren. Sie bedrohten mitunter unsere physische Existenz, mindestens aber unsere Unversehrtheit, als sie uns schlugen oder unnötig an einem Körperteil herumschneiden ließen, das ebenso empfindliche Nerven aufweist wie unsere Fingerspitzen. Sie brachen unseren Willen, indem sie von uns – wie ihr autoritärer Gott von ihnen – unbedingten, absoluten Gehorsam und vollständige Unterwerfung unter ihren Willen forderten. Sie ignorierten unsere Bedürfnisse, aber auch unseren eigenen Willen, unsere Sehnsüchte und Neigungen, indem sie uns in ein gottgefällig normiertes Korsett zwangen, das den eigentlichen Menschen, der wir hätten sein können, am Wachstum hinderte.

Und mancher, oder besser: manche von uns musste den schlimmsten Verrat an sich erleiden, den Eltern ihrem schutzlosen Kind antun können: Sie missbrauchten unseren Körper für ihre Machtgelüste oder ihre krankhaften, pädophilen Neigungen. Oder sie beschützten uns nicht vor dem Verbrecher, der unsere Kindheit zerstörte.

Als wir uns entschlossen, den Weg des Glaubens nicht länger mit ihnen zu gehen, verstießen sie uns, weil ihnen ihr eigenes Seelenheil oder ihr Ansehen in der Gemeinschaft wichtiger waren als die Bindung zu ihren Kindern. Da sie nicht willens oder unfähig waren, ihr Sein und Handeln kritisch zu analysieren und positive Veränderungen zu versuchen, versiegte ihre Liebe und sie straften den Ungehorsam des nunmehr erwachsen gewordenen Kindes mit Kontaktabbruch.

All diese Schuld, die Gewalt, der Missbrauch, der Verrat an unseren Kinderseelen und der nicht überwundene Strafimpuls für Ungehorsam selbst beim erwachsenen Kind – dies alles muss benannt werden. Wenn unsere Seele genesen soll, kommen wir an der klaren Benennung dessen, was war, und an der Zuschreibung der Verantwortung nicht vorbei. Die oft mit der Erkenntnis des Schrecklichen einhergehende Wut, Empörung und vielleicht auch der Hass brauchen uns nicht zu beunruhigen. Im Gegenteil: Solche Gefühlsreaktionen sind normal, zeigen sie doch auch, dass es unseren Eltern trotz größter Bemühungen nicht gelungen ist, das Lebendige in uns abzutöten.

Aber muss ich denn nicht vergeben? – Vielleicht. Aber nicht am Anfang. Tatsächlich scheint die psychotherapeutische Praxis zu belegen, dass Patienten oft zu Beginn der Sitzungen erklären, sie hätten ihren Eltern vergeben, denn das sei für den Heilungsprozess nötig. Wie sich gezeigt hat, haben jedoch solche Patienten trotz ihres Vergebens gegenüber ihren Eltern alle Symptome der schweren psychischen Erkrankung: Sie sind nach wie vor unglücklich, fühlen sich schlecht, mitunter sogar schuldig, leiden an Depressionen oder sind von Suchtmitteln abhängig. In Wirklichkeit ist ihre schnelle Bereitschaft zur Vergebung nichts anderes als eine Flucht vor dem eigentlichen Heilungsprozess. Denn dass dieser schmerzhaft sein kann, ahnen sie vielleicht, und sie glauben, den Genesungsprozess beschleunigen oder sogar abkürzen zu können, indem sie ihren schuldig gewordenen Eltern vergeben.[304] Ein fataler Irrtum, wie Experten wissen.[305]

Stattdessen muss zuerst die Verantwortung für die eigene vergiftete Kindheit dorthin zurückgegeben werden, wo sie tatsächlich liegt: Nicht die angeblich ungehorsamen Kinder (die Brut Satans) tragen die Verantwortung für die Prügel des Vaters oder der Mutter. Niemand käme heutzutage auf die Idee, die Verantwortung für den Kindesmissbrauch der aufreizenden Kleidung oder dem verführerischen Verhalten des kindlichen Opfers zuzuschreiben. Warum also sprechen manche davon, sie hätten die Schläge des Vaters verdient, weil sie ihn ja auch wirklich arg provoziert hätten? Beim Missbrauch erkennen wir die Verantwortlichkeiten, wieso dann nicht gleichermaßen auch bei der Misshandlung?

Ist Genitalverstümmelung nicht auch eine Variante sexuellen Missbrauchs? Bei der weiblichen Verstümmelung mag es inzwischen gesellschaftlicher Konsens sein, wenn vielleicht noch nicht von sexueller Misshandlung, so aber doch entschieden von Körperverletzung zu sprechen. Warum erschließt sich eine analoge Erkenntnis nicht im Fall der verstümmelten männlichen Babys oder heranwachsenden Jungen? Nun, dafür gibt es mehrere Gründe:

Die euphemistisch »Beschneidung« genannte Vorhautamputation ist noch immer gesellschaftlich anerkannt, Wesensbestandteil religiöser Kulturen, die man nicht diskriminieren darf. Die Verstümmelten sind oft sehr jung. Die Operation wird von angesehenen ›Fachleuten‹ durchgeführt. Hauptsächlich in den USA, wo nach wie vor eine Mehrheit der Jungen verstümmelt wird, gibt es keine oder sehr wenige Augenzeugen. Hingegen gibt es im jüdischen und muslimischen Umfeld zuweilen sogar viele Augenzeugen; und in beiden Kulturen wird zu diesem Anlass ein rauschendes Fest gefeiert. Befindet sich zudem der Säugling während der Operation im »schlafähnlichen, traumatischen Schockzustand«, erkennt niemand seine tatsächliche Not. Und wenn keine Not erkennbar ist, besteht auch keine Veranlassung zu Protest.

»[Das] Streicheln der Genitalien eines Kindes [erkennt jedermann eindeutig] als sexuelle Misshandlung, aber das Abschneiden eines

Stücks des Penis ist keine.« Es ist also die Gesellschaft, die definiert, was Misshandlung ist und was nicht. Löst man den Akt der Genitalverstümmelung aus seinem kulturellen Kontext und betrachtet vorurteilsfrei »seine Auswirkungen auf das Kind«, wird der »Akt sexueller Misshandlung« deutlich. Einige genitalverstümmelte Männer haben daher »das Wort ›misshandelt‹ verwendet, um ihre Gefühle zu beschreiben.«[306]

Es ist ganz eindeutig: Nicht die Kinder sind schuldig geworden, sondern einzig und allein ihre Eltern! Es ist deshalb zunächst und vor allem anderen ihre Verantwortung, uns für ihr verbrecherisches Tun um Verzeihung zu bitten. Dann und nur dann ist der Weg zur Vergebung unsererseits geebnet. Die klare Benennung der jeweiligen Verantwortlichkeiten ist der erste Schritt.

Ein nächster Schritt ist die emotionale Verbindung zu dem Kind von damals, zu seiner Angst, seiner Hilflosigkeit, seiner nicht erfüllten Sehnsucht nach der elterlichen Liebe. Wenn wir aufhören können, uns für die Versäumnisse und Entgleisungen unserer Eltern verantwortlich zu fühlen, und wenn es uns gelingt, mit dem Kind, das wir damals waren, Mitleid zu haben, weil wir seine Not, sein Ausgeliefertsein auch in uns spüren, wächst unser Wissen um das, was damals wirklich geschehen war. Dieses Wissen hilft uns, die Verantwortlichkeiten realistisch zu sehen und die Sichtebene unserer Eltern endgültig zu verlassen. Sie tragen die Verantwortung dafür, uns vernachlässigt, gedemütigt oder grausam behandelt zu haben, sie allein und nicht wir, die wir ihnen schutzlos ausgeliefert waren.

Zu den weiteren Schritten auf dem Weg zur Heilung gehört die Konfrontation mit den Eltern. Dies ist vielleicht der schwerste Schritt, aber auch er ist notwendig, wenn wir das Gift der Kindheit loswerden möchten. Forward beschreibt in ihrem Buch ausführlich, wie die Konfrontation stattfinden kann. Dabei muss es nicht unbedingt eine direkte Gegenüberstellung mit den Eltern geben, besonders dann nicht, wenn man sich dieser Situation nicht gewachsen fühlt.

An deren Stelle kann die virtuelle Konfrontation treten, bei der man im Selbstgespräch den Eltern entgegentritt und ihnen sagt, was sie hören sollten. Wichtig hierbei sind die Ausformulierung dessen, was das damalige Kind erlitten hat, und die klare Zuweisung der Verantwortung für die erlittene Schädigung.

Eine gute Therapie ist für all diese Prozesse der geeignete, weil geschützte Raum. In der Gegenwart des »wissenden Zeugen« – ein Wort Alice Millers – kann das Kind von damals seine Emotionen erleben und kann sie dorthin lenken, woher sie stammen. Der Patient darf seiner Wut über die misshandelnden oder auf andere Weise schuldig gewordenen Eltern Ausdruck verleihen und sie in Begleitung des Therapeuten kanalisieren. Wenn die Verantwortung für die Traumen der Kindheit erkannt, benannt und dorthin zurückgegeben werden konnte, wo sie tatsächlich liegt, ist der Weg zur Genesung geebnet.

Resümee

In diesem Buch haben wir die tiefgehenden Ursachen für das Leid von Gläubigen in Christentum, Judentum und Islam untersucht sowie von Sektenaussteigern, die mit Neurosen, Angststörungen und Depressionen zu kämpfen haben. Ihr Leid, so haben wir herausgearbeitet, hat tiefliegende Ursachen und ihre Verformung geschah nicht allein durch manipulative bösartige Sekten.

Wir haben die Bedingungen kennengelernt, unter denen ein Neugeborenes idealerweise zur Welt kommt und aufwächst, und das elterliche Umfeld skizziert, das Kinder und Jugendliche wohlbehütet gedeihen lässt, damit aus ihnen gesunde, selbstbestimmte, selbstbewusste und eigenverantwortliche Erwachsene werden.

Wir konnten auch feststellen, was geschieht, wenn der Start eines Menschen nicht gelingt, wenn verformte Eltern durch krude Ideen, die sie geerbt und nicht reflektiert haben, alles falsch machen und welch fatale Auswirkungen das hat. Wenn Schwarze Pädagogen unsinnige Empfehlungen in Wort und Schrift abgeben, und sich dabei auf gewaltverherrlichende Passagen aus antiken, ›heiligen‹ Büchern berufen, und wenn solcher ›Experten‹-Rat flächendeckend befolgt wird, dann sehen wir im Ergebnis all die gequälten Säuglinge in fabrikmäßigen Geburtskliniken oder in starren Bettchen hermetisch abgeriegelter, dunkler und totenstarrer Kinderzimmer, wir sehen prügelnde Väter und Mütter, die ihre eigene kindliche Schwachheit im eigenen Kind wiederfinden und bekämpfen.

Wir sehen genitalverstümmelte Jungen und Mädchen, deren gläubige und in uralte, archaische Herkunftstraditionen verstrickte Eltern nicht wagen, gegen die Sippenkontrolle aufzubegehren, die meist alte, bärtige Glaubenswächter mit Gewalt aufrechterhalten. Diese ehemals selbst verstümmelten und an ihrer Seele verformten Männer rufen lauthals nach dem Staat, wenn ihr eigenes unbewusstes Trauma dadurch aufzubrechen droht, dass unerschrockene Zweifler oder Ungläubige daran graben. »Die Eltern gehen für ihre Kinder durchs Feuer«,[307] so sehr lieben sie sie. Und sehen nicht, dass es das Feuer des sinneraubenden Schmerzes ist, durch das sie den Säugling zwingen.

Immer sind es die Eltern, die ihr Kind im Namen Gottes oder der Gewöhnung an die gesittete Gesellschaft oder zu ihrem ewigen Wohl quälen, schlagen, verstümmeln, in der Seele brechen und zu Kadavergehorsam zwingen. Dies ist die traurige, jahrhundertealte Wahrheit, die oft verdrängt, verharmlost oder verschwiegen wird. Die Betrüger sind die Eltern, die sich selbst über die Traumen ihrer Kindheit belügen und keinerlei Wissen darin erworben haben, auch, weil sie den erneuten Schmerz und die Verantwortung daraus scheuen.

Ihnen und ihrer Verantwortung sollten alle Kraft und aller Mut der heute erwachsenen Kinder gewidmet sein. Nicht Gott, Allah oder die Sekte war schuld an ihrem unglücklichen Leben, sondern die eigenen Eltern! Der Kampf gegen die Religion, den Islam oder gegen böse Machenschaften perfider Sekten, die Aufdeckung ihrer angeblich bewussten, generalstabsmäßigen Manipulation ist ein Kampf gegen Windmühlen.

Große Weltreligionen oder auch kleine Sekten kommen und gehen, manche bleiben länger als geahnt. Die Glaubensgemeinschaft der Zeugen Jehovas und ihrer gesetzgebenden Institution, der *Wachtturm-Gesellschaft*, hat sich inzwischen als recht langlebig erwiesen.[308] Ebenso dauerhaft sind die auf der Bibel fußenden Moralvorschriften dieser Gruppe. Auch sie werden bleiben, ungeachtet, wie sehr Aussteiger sich daran abarbeiten.

Kein Zweifel: Christliche Fundamentalisten, an archaischen Riten festhaltende orthodoxe Juden und radikale Muslime zu kritisieren, ist absolut berechtigt, denn ihre Glaubensideologie verachtet die Menschenwürde, ist rückwärtsgewandt, intolerant, hartherzig und zu erheblichen Teilen zynisch. Dafür verdienen sie die Kritik aufgeklärter Menschen.

Empörung, Zorn und auch Wut verformter, gedemütigter und gequälter Glaubenskinder aber sollte sich an die wahren Verursacher ihrer Pein richten, an diejenigen, die aus freiem Entschluss einer solchen Gemeinschaft beigetreten und darin verblieben sind und die deren gesamtes unfreies Regelwerk innerlich bejaht und täglich – buchstäblich auch auf dem Rücken der Kinder – ausgelebt haben: die eigenen Eltern.

Erst wenn das erkannt, bewusst durchlebt und verarbeitet ist, kann die Heilung des eigenen Selbst gelingen. Diesen Kampf um das Eigene lohnt jede Anstrengung.

Nachtrag

Täterschonung

In der ZDF-Sendung *frontal21* vom 19. Januar 2016 gab es einen Bericht über besondere Betreuungseinrichtungen für sexuell übergriffige Kinder und Jugendliche – Jungen wie Mädchen. Ein Neuzugang, 13 Jahre alt, erzählte darin der Reporterin, seine Eltern seien »enttäuscht« über seine Übergriffe auf das jüngere Geschwister, die schon mit sieben Jahren begonnen hatten. Es kamen die Betreuer zu Wort, die die straff geführte Struktur der Einrichtung erläuterten, in der es verschiedene Abteilungen für die unterschiedlichen Besserungs-Grade gab, die die Kinder und Jugendlichen mithilfe der therapeutischen Begleitung erreicht hatten. Sie waren sichtlich stolz darauf, dass der überwiegende Teil erfolgreich behandelt werden könne, sodass nach dem durchschnittlich vierjährigen Aufenthalt der Jugendlichen kein Rückfall zu befürchten sei.

Eigenartig war, dass kein einziges Wort zu den Verursachern der jugendlichen Verhaltensweisen verloren wurde. Zwar sagten zwei interviewte Mädchen, sie hätten bei den Übergriffen wie unter einer Art Zwang und ohne Mitgefühl gehandelt, aber wer ihnen diesen Zwang anerzogen hatte, darüber befragte die Reporterin sie nicht, und auch bei den Betreuern war dazu nicht ein einziges Wort zu hören. Mehr noch: die Mädchen fügten hinzu, dass sie das wiederholten, was ihnen angetan worden sei. Auch dazu von der Reporterin keinerlei Nachfragen. Stattdessen wollte sie genau wissen, was die Mädchen ihren Opfern angetan hatten.

Mir scheint, dass das Tabu der Unantastbarkeit der Eltern noch immer fortwirkt. »Du sollst Vater und Mutter ehren« ist selbst in unserer aufgeklärten Gesellschaft offenbar noch immer eines der höchsten Gebote. »Wir wollen helfen, nicht strafen«, so hört man es aus dem Mund der Betreuer. Den übergriffig gewordenen Eltern droht für ihre Gewalt an ihren Kindern keinerlei Konsequenz. Nicht einmal eine Therapie wird ihnen abverlangt. Dafür therapiert man ihre Kinder, wenn sie in stiller Verzweiflung, weil ihnen keine andere Sprache zur Verfügung steht (jeglicher Protest gegen die elterliche Gewalt war ihnen ja verboten), die Straftat ihrer Eltern im Wiederholungszwang an Schwächeren artikulieren. Um die Eltern schonen zu können, erzieht man an den Kindern herum.[309] Wieder einmal dürfen sie ihre Empörung und ihre Wut über den ihnen als Kindern oder sogar als Säuglingen zugefügten Schmerz nicht äußern, wieder einmal erzieht man sie zu Gehorsam (gibt es doch harte Sanktionen bei einem Verstoß gegen die Regeln der Einrichtung) und zur möglichst unauffälligen Eingliederung in die Gesellschaft, erneut verlangt man ihnen Unterordnung und Affektunterdrückung ab.

Zu den Eltern aber ist man freundlich, zuvorkommend, verständnisvoll und verspricht ihnen die Besserung ihres auffällig gewordenen, schwierigen Kindes. Warum ist das so?

Die veränderte Natur im Eltern-Kind-Verhältnis

Der sesshaft gewordene Mensch hatte begonnen, Besitzansprüche zu stellen, nachdem er einen Kreis um ein Stück Land gezogen hatte, das nun seines war. Alles innerhalb dieser gedachten Umrandung fiel in seinen Besitz, darunter ausdrücklich auch Frauen und Kinder – die Geburtsstunde des Patriarchats. Was in die Kinder investiert wurde, sollte sich lohnen. Kinder wurden großgezogen, auch damit sie Ruhm und Ansehen des Patriarchen bei den benachbarten Patriarchen mehrten. Die Investition musste sich rechnen. Sie rechnete sich aber erst, wenn Sohn oder Tochter den vorbestimmten Weg einschlugen und dadurch ihre Eltern ehrten. Ein Abweichen hingegen brachte Schande über sie, denn dadurch erwiesen sie sich als unfähig, ihre Geschäfte erfolgreich zu regeln. Mit einem unsicheren Kantonisten aber macht niemand gern Geschäfte. Es kam folglich einer

Existenzbedrohung gleich, wenn der Sohn nicht in die Fußstapfen des Vaters trat, wenn das Mädchen andere Wege beschreiten wollte, als der Clanchef festgelegt hatte.

Das patriarchale Erbe steckt auch in der westlichen Zivilisation und wurde in der durchökonomisierten Art, zu leben und das menschliche Zusammenleben zu gestalten, fortgeführt. Auch heute sollen Kinder ihren Eltern keine Schande machen. Viele Väter investieren in ihre Kinder und erhoffen sich Rendite. Der Arztsohn soll mindestens Arzt werden, dazu hat ihn der Vater studieren lassen. Aus dem teuren wöchentlichen Klavierunterricht soll das Wunderkind hervorgehen, mit dessen Konzerten die Eltern Ruhm und Geld einzustreichen hoffen – etwas, das ihnen verwehrt blieb, meist aus Mangel an Begabung. Das Kind soll erreichen, was seine Eltern nie geschafft haben.

In anderen Weltgegenden geht es tatsächlich um die nackte Existenz. Kinder arbeiten in Steinbrüchen, knüpfen feinknotige Seidenteppiche, pflücken Kakao, schieben Kohleloren, hüten das Vieh oder gehen ins Ausland und schicken das mühevoll, oft unter menschenverachtenden Bedingungen verdiente Geld nach Haus. All diesen Kindern ist eines gemein: Sie sind Objekt anderer, nicht Subjekt ihres eigenen Lebens. Sie wurden verdinglicht, leben zu einem Zweck, den nicht sie bestimmen. Ihren Eltern sind sie Überlebensgarant, Aushängeschild, Ernährer, Luxusermöglicher, Ursache von Freude oder tiefer Enttäuschung, Lustobjekt, Sündenbock, Prügelknabe, Blitzableiter, Projektionsfläche, ganze oder gar einzige Hoffnung, Zukunft der Dynastie oder Firma, Fußabtreter, Wutkissen, Model, lebensechte Plastik, Opfertier für Gottes Gnade, Altar, von dem das heilige Opfer (Knabenvorhaut oder Klitoris) genommen wird.

Sie sollen gehorchen, arbeiten, funktionieren, sie sollen die Eltern versorgen, deren seelische und ästhetische Ansprüche erfüllen, artig und brav sein, brillieren und die Gunst Gottes oder die Zugehörigkeit zum auserwählten Volk mit eigenem Blut erkaufen. Lieb sollen sie sein, die Eltern ehren, sie nicht betrüben, und das alles, solange die Eltern leben. Aber auch nach deren Tod sollen sie nicht vom vorgezeichneten Weg abweichen, sondern das Andenken hochhalten und das Erbe an Weltbild und Moral bewahren.

Die Tierwelt kennt eine andere Hierarchie: Die Alten versorgen die Jungen, nähren, beschützen und wärmen sie. Sie tun alles, um das Werden der Nachkommen zu ermöglichen und zu fördern, kämpfen bis aufs Blut zu deren Verteidigung. Sobald die Kleinen erwachsen sind, erlischt der Brutpflegetrieb der Eltern. Bei manchen Tierarten werden sie fortgejagt, andere behalten entweder die weiblichen oder männlichen Nachkommen in der Gruppe, wo sie bei der Versorgung helfen – nicht der Alten, sondern der Neugeborenen.

In der Tierwelt dürfen die Jungen alles, die Alten nichts erwarten. Vehement fordern die Jungen die Befriedigung ihrer Bedürfnisse ein und die Alten gehorchen ihrem Bruttrieb. Ist dieser erfüllt und sind die Jungen flügge, endet oft die Bindung, und Eltern und Kinder gehen ihrer Wege.

Dieses Verhalten passt nicht eins zu eins auf den Menschen. Es geht in seinem Verhalten auch um wertvolle Güter, die mit der Vernunft erkannt werden: Mitgefühl für Schwache und Kranke, auch und gerade, wenn es die Eltern sind; kulturelle Entwicklungen, die die Weitergabe von Erfahrungen an die nächste Generation erforderlich machen. Dass dies in vertrauter, liebevoll zugewandter Atmosphäre am besten gelingt, ist dabei offenkundig.

Wo sie fehlt, möchten Eltern dennoch nicht auf die Sicherheit verzichten, auch im Alter versorgt zu sein. Das Mittel der Wahl ist hierbei das Tabu ihrer Autorität. Wo Kindern aufgegeben ist, »Vater und Mutter zu ehren«, und wo sie gehalten sind, »vor grauem Haar aufzustehen«,[310] bleibt die Versorgung der Eltern garantiert. Das den Kindern eingepflanzte Schuldgefühl, gepaart mit Pflichtbewusstsein gegenüber Gott und den Eltern, bringt sie dazu, ihre Eltern zu versorgen, auch wenn diese ihnen gegenüber ihren Pflichten nicht oder unzureichend nachgekommen waren. Erneut begegnet uns die Bequemlichkeit der zivilisierten Menschheit, diesmal im Antlitz ergrauter Väter und Mütter, die mit diesem Kniff ihre Versorgung bis zum Tod sicherstellen.

Das schlechte Gewissen der Kinder ist die Lebensversicherung der Eltern immer dann, wenn sie es verabsäumt haben, ihren Kindern den bestmöglichen Start ins Leben zu geben, als diese klein, schutz- und wehrlos waren. Die durch Gewalt, Liebesentzug und mangelhafte Bedürfnisbefriedigung aufgeladene Schuld der Eltern gegenüber ihren Kindern hat auf diese Weise keine folgerichtigen Konsequenzen; die gerechte Strafe für ihr schlechtes, naturwidriges Benehmen bleibt ihnen erspart. Wahrlich ein ›teuflisch‹ kluger und raffinierter Coup! Und sehr erfolgreich. So erfolgreich, dass das vierte Gebot Mose bis heute seine Gültigkeit besitzt. Wer Vater und Mutter im Alter nicht zu Hause pflegt, hat meist das mulmige Gefühl, einer ethischen Verpflichtung nicht nachzukommen. Meist sind es die Frauen (Töchter oder Schwiegertöchter), denen die Last der Verantwortung aufgetragen wird, und sie sind es, bei denen der Reflex des durch die Eltern installierten schlechten Gewissens am zuverlässigsten greift.

Viele Eltern impfen ihren Kindern ein, sie wären ihnen gegenüber zu Gehorsam, Dank, Liebe, Zuwendung, Erfolg im Leben verpflichtet. So manch erfolgreicher Arzt wütet dann gegen den undankbaren Sohn: »Ich habe dich nicht studieren lassen, damit du nun zum Wunderheiler wirst!« Solche Väter betrachten tatsächlich das Studium – und wahrscheinlich auch das gesamte Leben des vom Pfad der Ärztetugend abweichenden Sohnes – als ›Investition‹, deren ›Rendite‹ der Sohn gefälligst in Vaters Sinn zu ›erwirtschaften‹ hat. Ein Abweichen, ein Ausscheren gar ist nicht vorgesehen. Die ›Anlage‹ Sohn hat sich zu ›rechnen‹. Die Absicht des Sohnes, einen Beruf mit weniger Einkommen auszuüben, entspricht daher nicht den – auch auf die Mehrung des eigenen Prestiges ausgerichteten – Vorstellungen des Vaters. Den Verlust seines Ansehens durch den beruflichen Abstieg des Sohnes kann ein solcher Vater nicht zulassen.[311]

Oft scheint Eltern mit solchen Besitzansprüchen an das eigene Kind nicht klar zu sein, dass Kinder keine Objekte oder Projektionsflächen ihrer eigenen Vorstellungen sein sollten, sondern als eigenständige Subjekte unveräußerliche Rechte haben.

Eltern haben die Geburt ihrer Kinder verursacht; die Kinder wurden nicht gefragt, ob sie einverstanden sind. Bei der Zeugung der Kinder hatten die Eltern ihren Spaß, nun tragen sie die Verantwortung. Sie können dieser Verantwortung nicht entgehen, können sie nicht delegieren, schon gar nicht können sie diese Last auf ihre Kinder abwälzen.

Kinder sind nicht in der Verantwortung, das Überleben der Eltern oder gar das der ganzen Familie zu sichern, schon gar nicht, wenn sie noch klein sind. Das ist zuerst die Pflicht der Eltern, die ihren Kindern darüber hinaus Liebe, Zuwendung, Wertschätzung, Treue, Unterstützung, Rückhalt, Nestwärme und Schutz geben sollten. So ist es natürlich, so ist es richtig.

Es ist sehr zu bedauern, dass viele Eltern ihre Kinder selbst bedrohen und sie durch Dritte (Gott, Beschneider oder auch unfähige Pädagogen oder seelisch defizitäre Priester) bedrängen, bedrohen oder gar verletzen lassen. Damit und durch die Methoden der Schwarzen Pädagogik, die wir in diesem Buch erörtert haben, laden sie ihren Kindern die schwere Bürde einer psychotherapeutischen Behandlung auf, obwohl diese Arbeit zuerst von ihnen, den zu Tätern gewordenen Eltern, geleistet werden müsste.

Woher all diese Fehlentwicklungen stammen und wohin sie führen können, hat dieses Buch deutlich zu machen versucht. »Du sollst Vater und Mutter ehren«, dieses Gebot aus vormoderner, patriarchaler Zeit hat ausgedient. Es taugt nicht für ein gedeihliches Miteinander im 21. Jahrhundert. Nicht Strafandrohung oder Liebesentzug soll das Eltern-Kind-Verhältnis regeln, sondern Achtung, Respekt, Würde, liebevolle Annahme und natürliche Bindung. Hierin haben vor allem die Eltern eine Bringschuld. Versagen sie, hat das weitreichende Konsequenzen. Nicht nur sie selbst werden später von ihren Versäumnissen während der Frühzeit ihrer Kinder eingeholt, die Gesellschaft insgesamt zahlt bereits seit Jahrtausenden den Preis für das Versagen der strafversessenen Patriarchen aus dunkler Vergangenheit. Ihr Egoismus, ihre Bequemlichkeit, ihr Missbrauch der Kinder als Handelsware und Objekt ihrer Leidenschaften, Frustrationen und Allmachtsfantasien sowie ihrer perfiden Strategien der eigenen Versorgungsansprüche hat mit dazu beigetragen, dass natürliche Verhaltensweisen im Lauf der Menschheitsgeschichte verlorengegangen sind.

Es wird Zeit für eine Veränderung! Nicht Nützlichkeitserwägungen sollen das Verhältnis von Kindern zu ihren Eltern bestimmen, sondern weil liebende, behutsame Eltern auf intuitiv richtige und natürliche Weise ihre Kinder bei deren Aufwachsen begleitet und beschützt haben, ist es solchen Kindern ein Herzensbedürfnis, ihren alt gewordenen Eltern etwas davon zurückzugeben. Wer etwas aus bloßem Pflichtgefühl zu tun sich genötigt sieht, wird nicht lange die dazu nötige Ausdauer aufbieten können. Wer jedoch das, was er tut, mit Begeisterung verrichtet, weil er die Sache, der er sich verschrieben hat, oder die Personen, mit denen er arbeitet oder zusammen ist, liebt, wird weder Kosten noch Mühen, die dies erfordern mag, scheuen. Mit einem Wort:

Geliebte Kinder sind die beste Altersvorsorge.

Literatur

Abdel-Samad, Hamed: *Mohamed – Eine Abrechnung*, München: Droemer, 2015; *Mein Abschied vom Himmel Aus dem Leben eines Muslims in Deutschland*, München: Droemer Knaur, 2010.

Ateş, Seyran: *Große Reise ins Feuer Die Geschichte einer deutschen Türkin*, 3. Auflage, Reinbek bei Hamburg: Rowohlt, 2008.

Bergmeier, Rolf: *Schatten über Europa*, Aschaffenburg: Alibri, 2012.

Bergner, Clemens: *Ent-hüllt! Die Beschneidung von Jungen – nur ein kleiner Schnitt? Betroffene packen aus über • Verlust • Schmerzen • Scham*, Hamburg: tredition, 2015.

Forward, Susan: *Vergiftete Kindheit – Elterliche Macht und ihre Folgen*, 16. Auflage, München: Goldmann, 1993.

Galeski, Bernd: *Die Welt des konservativen Katholizismus – am Beispiel Joseph Ratzingers Sind Glaube und Vernunft wirklich vereinbar?*, Marburg: Tectum, 2014.

Goldman, Ronald: *Beschneidung – Das verborgene Trauma – Auswirkungen einer amerikanischen kulturellen Praxis auf Säuglinge und letztlich auf uns alle*, Deutsche Erstausgabe, Ulf Dunkel, kindle direct publishing, Amazon.com, 2019.

Gruen, Arno: *Wider den Gehorsam*, Achte Auflage, Stuttgart: Klett-Cotta, 2015.

Kelek, Necla: *Die verlorenen Söhne – Plädoyer für die Befreiung des türkisch-muslimischen Mannes*, Köln: Kiepenheuer & Witsch 2006; *Himmelsreise Mein Streit mit den Wächtern des Islam*, Köln: Kiepenheuer & Witsch, 2010.

Khorchide, Mouhanad: *Gott glaubt an den Menschen. Mit dem Islam zu einem neuen Humanismus*, Freiburg: Herder, 2015; *Islam ist Barmherzigkeit. Grundzüge einer modernen Religion*, Freiburg: Herder, 2016.

Kirkilionis, Evelin: *Bindung stärkt – Emotionale Sicherheit für Ihr Kind – der beste Start ins Leben*, 2. Auflage, München: Kösel, 2014.

Lehnert, Amal Ingrid: *Grundzüge der islamischen Erziehung*, Köln: IB, 1984.

Liedloff, Jean: *Auf der Suche nach dem verlorenen Glück – Gegen die Zer-*

störung unserer Glücksfähigkeit in der frühen Kindheit, 7. Auflage, München: Beck, 2001.

Mansour, Ahmad: *Generation Allah Warum wir im Kampf gegen religiösen Extremismus umdenken müssen*, 3. Auflage, Frankfurt/Main: S. Fischer, 2015.

Miller, Alice: *Am Anfang war Erziehung*, 26. Auflage, Frankfurt/Main: Suhrkamp, 2014.

Moser, Tilmann: *Gottesvergiftung*, Frankfurt/Main: Suhrkamp, 1980.

Müller-Münch, Ingrid: *Die geprügelte Generation*, Stuttgart: Klett-Cotta, 2012.

Anmerkungen

1 Im Verlauf dieser Betrachtung wird über ihn noch einiges mehr zu berichten sein.
2 Religiöser Vorsteher bei den Zeugen Jehovas.
3 Evelin Kirkilionis: *Bindung stärkt – Emotionale Sicherheit für Ihr Kind – der beste Start ins Leben*, 2. Auflage, München: Kösel, 2014, S. 41 ff.
4 Kirkilionis, *Bindung stärkt*, S. 40.
5 Kirkilionis, *Bindung stärkt*, S. 42
6 Kirkilionis, *Bindung stärkt*, S. 42.
7 Kirkilionis, *Bindung stärkt*, S. 43 ff. Siehe die weiteren Ausführungen von Kirkilionis zu den Folgen unsicherer Eltern-Kind-Bindungen für das spätere Erwachsenenleben.
8 Kirkilionis, *Bindung stärkt*, S. 45.
9 Kirkilionis, *Bindung stärkt*, S. 43 f.
10 Daneben gibt es »Nesthocker« und »Nestflüchter«. Siehe Kirkilionis, *Bindung stärkt*, S. 41.
11 Kirkilionis, *Bindung stärkt*, S. 55.
12 Kirkilionis, *Bindung stärkt*, S. 55–57.
13 Kirkilionis, *Bindung stärkt*, S. 61.
14 Kirkilionis, *Bindung stärkt*, S. 60–65.
15 Vergleiche Necla Kelek: *Die verlorenen Söhne – Plädoyer für die Befreiung des türkisch-muslimischen Mannes*, Köln: Kiepenheuer & Witsch, 2006, S. 99.
16 Dem Leser sei dringend das Buch von Jean Liedloff: *Auf der Suche nach dem verlorenen Glück – Gegen die Zerstörung unserer Glücksfähigkeit in der frühen Kindheit* (7. Auflage, München: Beck, 2001) ans Herz gelegt. Die unten folgenden Ausführungen sind davon inspiriert.
17 ›Beschneidung‹ ist ein Euphemismus, der uns davor bewahrt, die Realitäten so wahrzunehmen, wie sie sind. Er vermittelt das harmlose Bild vom Schneiden der Haare oder der Fuß- und Fingernägel. Huftieren beschneidet man die Hufe, was ihnen nicht wehtut. Das

Abtrennen der Vorhaut, die ein Drittel der Penishaut ausmacht, betrifft ein Schutzorgan, das ebenso empfindliche Nerven aufweist, wie die Haut der Fingerkuppen. Es wird bei Säuglingen ohne Betäubung durchgeführt, ist schmerzhaft und hinterlässt eine blutende Wunde. Aus diesen Gründen verwende ich im weiteren Verlauf die Begriffe, *(Genital-)Verstümmelung* (besonders bei Frauen und Mädchen) bzw. *(Vorhaut-)Amputation*, um deutlich zu machen, worum es wirklich geht. Zitate sind ausgenommen.

Vergleiche Ronald Goldman, *Beschneidung Das verborgene Trauma Auswirkungen einer amerikanischen kulturellen Praxis auf Säuglinge und letztlich auf uns alle*, Deutsche Erstausgabe, Ulf Dunkel, kindle direct publishing, Amazon.com, 2019, S. 71 f.

18 Goldman, *Beschneidung*, S. 78 f.
19 Goldman, *Beschneidung*, S. 231.
20 »Krankenhaus-Beschneidungsinformation« des *Brigham and Women's Hospital*, Boston, 24. Oktober 1991, zit. n. Goldman, *Beschneidung*, S. 229.
21 Milos, M., »Infant Circumcision: ›What I Wish I Had Known‹«, *The Truth Seeker* (July/August 1989): 3., zit. n. Goldman, *Beschneidung*, S. 42.

Siehe die schematische Darstellung, S. 40 sowie die beiden Fotos, S. 41, die das ganze Ausmaß des kindlichen Traumas zeigen.

22 Neues Testament, NT, Matthäus (Mt.) 12,30: »Wer nicht für mich ist, ist gegen mich.«; Mt. 6,24: »Niemand kann Diener zweier Herren sein.«; NT, Jakobusbrief 4,4: »Freundschaft mit der Welt ist Feindschaft mit Gott.«; oder auch Mt. 10,37: »Wer Vater oder Mutter mehr liebt denn mich, der ist mein nicht wert«.
23 Lukas (Lk.) 19,27: »Diese meine Feinde, die nicht wollten, dass ich König über sie sei, bringt sie her und macht sie nieder.« oder Mt. 25,41 f.: »Dann wird er zu den Böcken zu seiner Linken sagen: Geht weg von mir in das ewige Feuer, das für den Teufel und seine Engel bereitet wurde.«
24 Paulus im Hebräerbrief (NT) 3,7 ff.
25 Vgl. Römerbrief 5,12.
26 Paulus im Römerbrief 3,23.
27 »Denn vor dir ist niemand sündenrein, auch das Kind nicht, das nur einen Tag auf der Welt gelebt hat« (*Bekenntnisse*, erstes Buch, siebentes Kapitel).
28 Psalm 51,7.

29 Siehe hierzu Arno Gruen: *Wider den Gehorsam*, 8. Auflage, Stuttgart: Klett-Cotta, 2015.
30 Vgl. NT, Epheserbrief 6,1–4.
31 oder: ungebildet. Vgl. hierzu Rolf Bergmeier: *Schatten über Europa*, Aschaffenburg: Alibri, 2012.. Darin weist der Autor akribisch die fortschreitende Analphabetisierung unter dem sich ausbreitenden Christentum nach.
32 »›Groß bist Du, Herr, und hoch zu preisen‹, ›und groß ist Deine Macht und Deine Weisheit unermeßlich.‹ Und preisen will Dich der Mensch, ein kümmerlicher Abriß Deiner Schöpfung, ja der Mensch, der herumschleppt sein Sterbewesen, herumschleppt das Zeugnis seiner Sünde […]« – *Bekenntnisse*, erstes Buch, erstes Kapitel.
33 Epheserbrief 6,11.
34 So der Titel seines eindringlichen Büchleins.
35 Römerbrief 14,12.
36 Psalm 139,1–12.
37 »Sag: Euer Herr ist voll umfassender Barmherzigkeit […]«, Koran 6:147; »[…] aber Meine Barmherzigkeit umfaßt alles […]«, Koran 7:156.
38 »Gott streckt Seine Hand in der Nacht aus, um die Reue desjenigen anzunehmen, der am Tag sündigte, und Er streckt Seine Hand am Tag aus, um die Reue desjenigen anzunehmen, der in der Nacht sündigte […]«, Sahieh Muslim, zit. n. https://www.islamreligion.com/de/articles/421/die-gottliche-gnade-teil-3-von-3/ »Die göttliche Gnade. 4. Das Tor der Reue ist Tag und Nacht geöffnet«, letzter Zugriff: 04.02.2019.
39 Ebd.
40 »›Kein einziger von euch wird aufgrund seiner Taten allein das Paradies betreten.‹ Sie fragten: ›Nicht einmal du, o Gesandter Gottes?‹ Er sagte: ›Nicht einmal ich, wenn Gott mich nicht mit Seiner Gnade und Barmherzigkeit umgibt.‹«, Sahieh Muslim, ebd., »6. Das Annehmen des Islam löscht alle vorherigen Sünden.«
41 Ebd.
42 Al-Tirmidhi, Ibn Majah, Musnad Ahmed, ebd., »2. Gott liebt den Sünder, der bereut.«
43 https://www.islamreligion.com/de/articles/494/der-zusammenhalt-der-familie-teil-1-von-4/, »Der Zusammenhalt der Familie«, letzter Zugriff: 04.02.2019.

Anmerkungen

44 Ebd.
45 Ebd.
46 Necla Kelek: *Die verlorenen Söhne – Plädoyer für die Befreiung des türkisch-muslimischen Mannes*, Köln: Kiepenheuer & Witsch 2006, S. 73 f.
47 »[...] gelin, die Angeheiratete«, Kelek, *Die verlorenen Söhne*, S. 97.
48 Kelek, *Die verlorenen Söhne*, S. 141 ff.
49 Fatima Mernissi, Islamgelehrte und Soziologin, zit. n. Kelek, *Die verlorenen Söhne*, S. 146.
50 https://www.islamreligion.com/de/articles/494/der-zusammenhalt-der-familie-teil-1-von-4/, »Die Eltern.«, letzter Zugriff: 04.02.2019.
51 https://www.islamreligion.com/de/articles/505/der-zusammenhalt-der-familie-teil-4-von-4/, »Kinder und Verwandte«, letzter Zugriff: 04.02.2019.
52 »Das Gebet ist [...] die Scheidewand zwischen Islam und Unglauben [...].«, Amal Ingrid Lehnert: *Grundzüge der islamischen Erziehungslehre*, Köln: IB, 1984, S. 2.
53 Lehnert, *Grundzüge*, S. 2.
54 Lehnert, *Grundzüge*, S. 3.
55 Lehnert, *Grundzüge*, S. 3.
56 Lehnert, *Grundzüge*, S. 4.
57 Muhammad Ahmad Rassoul, Herausgeber von Lehnert, *Grundzüge*.
58 Kelek, *Die verlorenen Söhne*, S. 91.
59 Augenzeugenbericht.
60 Epheserbrief 6,1 ff.
61 22,15.
62 Vgl. hierzu NT, Kolosserbrief 3,5.
63 23,13 f.; siehe hierzu: http://www.reimbibel.de/1.htm.
64 Alice Miller: *Am Anfang war Erziehung*, 26. Auflage, Frankfurt/Main: Suhrkamp, 2014, S. 25.
65 Johann Georg Sulzer: *Versuch von der Erziehung und Unterweisung der Kinder*, ²1748, zit. n. Miller, *Erziehung*, S. 25.
66 Sulzer, zit. n. Miller, *Erziehung*, S. 26.
67 Sulzer, zit. n. Miller, *Erziehung*, S. 26.

68 Sulzer, zit. n. Miller, *Erziehung*, S. 27.
69 Altes Testament (AT), Jesaja 64,7; Jeremia 18,1–10; siehe: http://www.reimbibel.de/1.htm.
70 Sulzer, zit. n. Miller, *Erziehung*, S. 27.
71 Sulzer, zit. n. Miller, *Erziehung*, S. 28.
72 Miller, *Erziehung*, S. 28 f.
73 Miller, *Erziehung*, S. 29.
74 Wikipedia.
75 »Dann prügelt ihn, dann laßt ihn schrein: Nein, nein, Papa, nein, nein!« Johann Gottlob Krüger: *Gedanken von der Erziehung der Kinder*, 1752, zit. n. Miller, *Erziehung*, S. 30.
76 Krüger, zit. n. Miller, *Erziehung*, S. 30.
77 »Lasst euch beim Schlagen nicht vom Zorn überwältigen.«
78 Krüger, zit. n. Miller, *Erziehung*, S. 30 f.
79 Sprüche Salomons 19,18.
80 5. Buch Mose 21,18–21; siehe http://www.reimbibel.de/1.htm.
81 Siehe: http://www.reimbibel.de/1.htm.
82 Krüger war zudem Arzt, Naturforscher und nach eigenem Bekunden »ordentlicher Lehrer der Weltweisheit«, also der Philosophie.
83 Krüger, zit. n. Miller, *Erziehung*, S. 30.
84 Krüger, zit. n. Miller, *Erziehung*, S. 30 f.
85 Miller, *Erziehung*, S. 31.
86 Auf Beschluss des Deutschen Bundestages vom 2. November 2000. § 1631 Abs. 2 BGB: »(2) Kinder haben ein Recht auf gewaltfreie Erziehung. Körperliche Bestrafungen, seelische Verletzungen und andere entwürdigende Maßnahmen sind unzulässig.« *Bundesgesetzblatt*, https://www.bgbl.de/xaver/bgbl/start.xav#__bgbl__%2F%2F*%5B%40attr_id%3D%27bgbl100s1479.pdf%27%5D__1553962360926, letzter Zugriff: 30.03.2019.
87 *Menschen hautnah*: »Nur ein Klaps auf den Po? Wenn Eltern ihre Kinder schlagen.«
88 https://programm.ard.de/?sendung=2811115905201282, letzter Zugriff: 04.02.2019.
89 Miller, *Erziehung*, S. 32.
90 Miller, *Erziehung*, S. 33.

Anmerkungen

91 Carl Euler: »Villaume, Peter«, in: *Allgemeine Deutsche Biographie*, Bd. 39 (1895), S. 706–707, https://de.wikisource.org/w/index.php?title=ADB:Villaume,_Peter&oldid=2508395, letzter Zugriff: 04.02.2019.
92 Villaume, zit. n. Miller, *Erziehung*, S. 36 f.
93 P. Villaume, 1787, zit. n. Miller, *Erziehung*, S. 33.
94 In den USA hatte man deshalb zu drastischen Maßnahmen für die ›Prävention‹ gegriffen. Siehe den obigen *Exkurs: Die Hölle männlicher Babys in den USA* und: Goldman, *Beschneidung*, S. 71 f.
95 Villaume, zit. n. Miller, *Erziehung*, S. 33.
96 Villaume, zit. n. Miller, *Erziehung*, S. 34–36.
97 Anspielung auf AT, Sprüche 27,11: »Sei weise, mein Sohn, und erfreue mein Herz, damit ich dem, der mich höhnt, eine Antwort geben kann.« *Neue-Welt-Übersetzung, hrsg. von der Wachtturm-Gesellschaft*, www.jw.org, Bibel online.
98 Tribunal der Zeugen Jehovas, das aus drei »Ältesten« (Gemeindevorstehern) besteht, die in der Funktion als Ankläger und Richter (meist sittliche) Verfehlungen ahnden.
99 Miller, *Erziehung*, S. 36.
100 Krüger, zit. n. Miller, *Erziehung*, S. 30.
101 J. B. Basedow: *Methodenbuch für Väter und Mütter der Familien und Völker*, 3. Auflage 1773, zit. n. Miller, *Erziehung*, S. 40.
102 J. Sulzer, zit. n. Miller, *Erziehung*, S. 41–43.
103 Sulzer, zit. n. Miller, *Erziehung*, S. 42.
104 J. Sulzer, zit. n. Miller, *Erziehung*, S. 42.
105 K. A. Schmid, Herausgeber der *Enzyklopädie des gesamten Erziehungs- und Unterrichtswesens*, 2. Auflage, 1887, zit. n. Miller, *Erziehung*, S. 45.
106 Schmid, zit. n. Miller, *Erziehung*, S. 45.
107 Schreber, zit. n. Miller, *Erziehung*, S. 43.
108 Schreber lebte 1808–1861 und »lehrte seine Kinder, ihn als [...] gottähnliche Gestalt zu verehren und zu fürchten. Er malträtierte sie durch diverse mechanische Geräte, fesselte sie, zwängte sie in ein Gestell, das die Kinder [...] zu einem kerzengeraden Gang zwang. [...] Prügel wurden bei ihm schon zur Disziplinierung des Säuglings eingesetzt, denn: ›Eine solche Prozedur ist nur ein- oder

höchstens zweimal nötig, und – man ist Herr des Kindes für immer.«" Zitiert nach Ingrid Müller-Münch: *Die geprügelte Generation*, Stuttgart: Klett-Cotta, 2012, S. 64.

109 Schreber, 1858, zit. n. Miller, *Erziehung*, S. 43.
110 Schreber, 1858, zit. n. zit. n. Miller, *Erziehung*, S. 44.
111 Schreber, 1858, zit. n. Miller, *Erziehung*, S. 44.
112 Wikipedia.
113 Miller, *Erziehung*, S. 47 f.
114 Wie es uns im Alten Testament begegnet.
115 Siehe Einführung sowie Kelek, *Die verlorenen Söhne*, S. 149 f.; vgl. auch Seyran Ateş: *Große Reise ins Feuer. Die Geschichte einer deutschen Türkin*, 3. Auflage, Reinbek bei Hamburg: Rowohlt, 2008.
116 Kelek, *Die verlorenen Söhne*.
117 Lehnert, *Grundzüge*, S. 5.
118 Vgl. dazu Bernd Galeski: *Die Welt des konservativen Katholizismus am Beispiel Joseph Ratzingers. Sind Glaube und Vernunft wirklich vereinbar?*, Marburg: Tectum, 2014, S. 81 ff.
119 Lehnert, *Grundzüge*. »Einführung der Verfasserin«, S. 5.
120 Zum Beispiel getrennten Schwimmunterricht für Jungen und Mädchen.
121 Lehnert, *Grundzüge*, S. 5 f.
122 »Der Glaube an Allahs Allgegenwärtigkeit und Allmacht lässt den Muslim Seine Gebote und Verbote befolgen; denn er fürchtet den Tag des Jüngsten Gerichts, an dem er sich für alles verantworten muss.« Lehnert, *Grundzüge*, S. 8.
123 Lehnert, *Grundzüge*, S. 6.
124 Lehnert, *Grundzüge*, S. 7.
125 Lehnert, *Grundzüge*, S. 7.
126 Freie Wiedergabe nach: Lehnert, *Grundzüge*, S. 8.
127 »[…] wascht euer Gesicht und eure Hände bis zu den Ellenbogen und streicht über euren Kopf und (wascht) eure Füße bis zu den Knöcheln« (Sure 5,6).
128 Lehnert, *Grundzüge*, S. 9.
129 Lehnert, *Grundzüge*, S. 10.
130 Lehnert, *Grundzüge*, S. 10.

Anmerkungen

131 Lehnert, *Grundzüge*, S. 11.
132 Lehnert, *Grundzüge*, S. 11 f.
133 Lehnert, *Grundzüge*, »Einführung der Verfasserin«, S. 5.
134 Ihr euphorischer Bericht über ihren »Weg zu Allah« ist öffentlich zugänglich: http://www.way-to-allah.com/bekannte/a.lehnert.html. letzter Zugriff: 04.02.2019.
135 Lehnert, *Grundzüge*, S. 12.
136 Lehnert, *Grundzüge*, S. 21.
137 Lehnert, *Grundzüge*, S. 25 f.
138 Lehnert, *Grundzüge*, S. 17.
139 Kelek, *Die verlorenen Söhne*, S. 149 f.
140 Vgl. Ateş, *Reise*.
141 Lehnert, *Grundzüge*, S. 25.
142 Lehnert, *Grundzüge*, S. 14.
143 Ateş: *Reise*, S. 94 f.
144 Nur der Vollständigkeit wegen: Eine abermalige Flut hat der Allmächtige ausgeschlossen (1. Mose 8,21). Das aber schränkt seine Möglichkeiten keinesfalls ein.
145 Auch: Armageddon, der Krieg Gottes und seiner himmlischen Heerscharen gegen die gottlose, böse Menschheit. Er wird in der völligen Vernichtung aller Gottlosen enden. Siehe www.jw.org, Suchbegriff: Harmagedon.
146 Dies ist ein interner Begriff der Zeugen Jehovas, der auf Personen angewandt wird, die zwar keine Regel verletzt oder gar gesündigt haben; dennoch entsprechen sie nicht ganz den erwarteten Verhaltensnormen der Gemeinschaft und sind daher suspekt.
147 In der *Wachtturm*-Sprache: »Predigtdienst«.
148 Diese Erzählung eines Betroffenen aus meiner damaligen Ortsgemeinde (»Versammlung«) wurde auf einem Aussteigertreffen erzählt. Später habe ich daran mitgewirkt, sie schriftlich festzuhalten.
149 NT, 1. Timotheus 3,2–5: »2 Der Aufseher muß daher untadelig sein, Mann e i n e r Ehefrau, […], 4 ein Mann, der seinem eigenen Haushalt in vortrefflicher Weise vorsteht, der die Kinder mit allem Ernst in Unterwürfigkeit hält 5 (in der Tat, wenn jemand seinem eigenen Haushalt nicht vorzustehen weiß, wie wird er für die Versammlung Gottes Sorge tragen?)« *Neue Welt Übersetzung, hrsg. von der Wachtturm-Gesellschaft*, www.jw.org, Bibel online.

150 5. Buch Mose 21,18–21.
151 AT, Psalm 2,9; NT, Offenbarung 2,27.
152 Abgeleitet von: die Welt; gemeint sind alle, die keine Zeugen Jehovas sind.
153 Nach *Wachtturm*-Lesart: Versammlung.
154 1. Korintherbrief 11,3.
155 Dieser christliche Vater hatte damit seine Tochter, als sie einmal zu spät nach Hause kam, windelweich geprügelt; siehe Einführung.
156 AT, Micha 5,15; 5. Mose 31,3 ff.
157 5. Mose 31,16 ff.
158 1. Samuel 15,2–3.
159 2. Mose, Kapitel 32 und besonders Vers 27.
160 3. Mose 20,13.
161 Matthäus 19,9.
162 2. Korintherbrief 6,14 f.
163 Dualismus meint ein Denken in Gegensätzen: Zum einen sind da Körper, Fleisch und materielle, stoffliche Welt, die dem bösen Prinzip (Ahriman), zum anderen Geist, Licht und immaterielle Welt, die dem guten Prinzip (Ormuzd) zugeordnet werden. Der Kampf des Gläubigen vollzieht sich in der Überwindung des bösen, irdischen, fleischlichen Prinzips, um in das Lichtreich der geistigen Gegenwart des Guten zu gelangen. Der Christ hofft auf die Wiedervereinigung seiner unsterblichen Seele mit Gott (Christus) im Himmel, während sein sterblicher Leib auf Erden zurückbleibt.
164 Nachzulesen in: *Hütet die Herde Gottes*, ein unter Verschluss gehaltenes Handbuch für Älteste, hrsg. durch die *Wachtturm-Gesellschaft*.
165 Psychoanalytikerin, Therapeutin und Buchautorin.
166 »Rechtskomitee«. Es wird jedes Mal neu zusammengesetzt.
167 Bibel und Veröffentlichungen der *Wachtturm-Gesellschaft*.
168 Tertullian († um 220): *Prozeßeinreden gegen die Häretiker* (*De praescriptione haereticorum*), https://www.unifr.ch/bkv/kapitel96-6.htm, letzter Zugriff: 04.02.2019.
169 Tertullian: *Prozeßeinreden*, 14. Kapitel, https://www.unifr.ch/bkv/kapitel96-13.htm, letzter Zugriff: 04.02.2019.

Anmerkungen

170 1. Mose 1,21 ff.
171 Vergleiche Kelek, *Himmelsreise*, »Kritik der arabischen Vernunft: Al-Jabri«. S. 169–171.
172 »Denn die Weisheit dieser Welt ist Torheit vor Gott. In der Schrift steht nämlich: Er fängt die Weisen in ihrer eigenen List«; 1. Korintherbrief 3,19.
173 Necla Kelek: *Himmelsreise Mein Streit mit den Wächtern des Islam*, Köln: Kiepenheuer & Witsch, 2010, S. 16.
174 Kelek, *Himmelsreise*, S. 28.
175 *Sunna* bedeutet »so viel wie ›Weg‹, ›Benehmen‹, ›Tradition‹ […], [sie taucht] in dem Heiligen Buch als ›Sunna Gottes‹ [auf]. Darunter werden die Verhaltensweisen des Propheten, seine Aussprüche und die von ihm praktizierten Bräuche verstanden, die in Hadithen, den Prophetentraditionen, überliefert sind.« Kelek, *Himmelsreise*, S. 29.
176 Kelek, *Himmelsreise*, S. 29.
177 Al-Tirmidhi, Ibn Majah, Musnad Ahmed, https://www.islamreligion.com/de/articles/421/die-gottliche-gnade-teil-3-von-3/, »2. Gott liebt den Sünder, der bereut.« Letzter Zugriff: 27.01.2019.
178 Mouhanad Khorchide: *Islam ist Barmherzigkeit. Grundzüge einer modernen Religion*, Freiburg: Herder, 2016, S. 15 ff.; ferner: »Humanismus als letzte Chance des Islams?«, in: *Humanistischer Pressedienst (hpd)*, https://hpd.de/artikel/12306/seite/0/1, letzter Zugriff: 27.01.2019.
179 Khorchide in: »Humanismus als letzte Chance des Islams?«, in: *Humanistischer Pressedienst (hpd)*, https://hpd.de/artikel/12306/seite/0/1, letzter Zugriff: 27.01.2019.
180 Mouhanad Khorchide: *Gott glaubt an den Menschen. Mit dem Islam zu einem neuen Humanismus*, Freiburg: Herder, 2015.
181 Ein Wort Khorchides.
182 »Ich wünsche mir, dass sein Konzept aufgeht, denn das ist aus meiner Sicht die letzte Chance. Wenn dieses Konzept scheitert, dann Gute Nacht, dann weiß ich nicht … Deshalb will ich, dass Muslime – auch die, die mich hassen – ihn zumindest unterstützen. Sie sollten sich um sein Konzept versammeln und ihn gegen Angriffe seiner Feinde schützen. Das ist es, was ich mir wünsche.« Hamed Abdel-Samad in: »Humanismus als letzte Chance des Islams?«, in: *Humanistischer Pressedienst (hpd)*, https://hpd.de/artikel/12305/seite/0/1, letzter Zugriff: 27.01.2019.

183 In seiner Autobiographie berichtet er schonungslos offen und detailliert über seinen persönlichen Werdegang. Im Folgenden werden einige Episoden erzählt. Hamed Abdel-Samad: *Mein Abschied vom Himmel Aus dem Leben eines Muslims in Deutschland*, München: Droemer Knaur, 2010.
184 Abdel-Samad, *Abschied*, S. 115.
185 Abdel-Samad, *Abschied*, S. 116.
186 Abdel-Samad, *Abschied*, S. 114, vgl. S. 122 f.
187 Abdel-Samad, *Abschied*, S. 117 f.
188 Abdel-Samad, *Abschied*, S. 81.
189 Abdel-Samad, *Abschied*, S. 80.
190 Abdel-Samad, *Abschied*, S. 81.
191 Abdel-Samad, *Abschied*, S. 81 f.
192 Abdel-Samad, *Abschied*, S. 79.
193 Abdel-Samad, *Abschied*, S. 80. »Mumifizierte Körper aus Altägypten bezeugen, dass weibliche Genitalverstümmelung […] seit mindestens dem Jahr 500 v. Chr. praktiziert wurde. Durch diese Funde gilt Ägypten als Ursprungsland der weiblichen Genitalverstümmelung.« Quelle: TERRE DES FEMMES in: https://www.frauenrechte.de/online/themen-und-aktionen/weibliche-genitalverstuemmelung2/unser-engagement/aktivitaeten/genitalverstuemmelung-in-afrika/fgm-in-afrika/1424-aegypten, Letzter Zugriff: 04.02.2019.
194 Abdel-Samad, *Abschied*, S. 80 f.
195 Abdel-Samad, *Abschied*, S. 291 ff.
196 Er wurde als Kind zweimal missbraucht. Abdel-Samad, *Abschied*, S. 92 ff., S. 124.
197 Abdel-Samad, *Abschied*, S. 220 ff.
198 Zu finden auf den Seiten 279 ff. seiner Autobiografie *Abschied*.
199 Das Phänomen der frühzeitigen Versöhnung geschlagener und gequälter Kinder mit ihren Eltern wird im Kapitel »Befreiung vom Gift der Kindheit« des vorliegenden Buches erörtert. So viel vorweg: Abdel-Samads ›ungefragte‹ Versöhnung kam zu früh.
200 Abdel-Samad, *Abschied*, S. 280.
201 Abdel-Samad, *Abschied*, S. 280.
202 Abdel-Samad, *Abschied*, S. 281.
203 Abdel-Samad, *Abschied*, S. 279–281.

Anmerkungen

204 Abdel-Samad, *Abschied*, S. 241 ff., 275 ff.
205 Abdel-Samad, *Abschied*, S. 302 f.
206 So hat er es in Saudi-Arabien erlebt. *Humanistischer Pressedienst (hpd)*, https://hpd.de/artikel/12306/seite/0/1, letzter Zugriff: 02.02.2019.
207 Humanistischer Pressedienst (hpd), https://hpd.de/artikel/12306/seite/0/1, letzter Zugriff: 02.02.2019.
208 Siehe die aufschlussreiche Diskussion der beiden in: »Humanismus als letzte Chance des Islams?«, in: *Humanistischer Pressedienst (hpd)*, https://hpd.de/artikel/12306/seite/0/1, letzter Zugriff: 02.02.2019.
209 Ahmad Mansour, *Generation Allah Warum wir im Kampf gegen religiösen Extremismus umdenken müssen*, 3. Auflage, Frankfurt/Main: S. Fischer, 2015, S. 13 ff.
210 Mansour, *Generation Allah*, S. 20.
211 Ebd.
212 Mansour, *Generation Allah*, S. 16, 17, 20.
213 Mansour, *Generation Allah*, S. 20.
214 Mansour, *Generation Allah*, S. 16, 17, 20, 24–26.
215 Mansour, *Generation Allah*, S. 26.
216 Mansour, *Generation Allah*, S. 18, 19.
217 Mansour, *Generation Allah*, S. 23–26.
218 Mansour, *Generation Allah*, S. 17.
219 Mansour, *Generation Allah*, S. 18, 19.
220 Mansour, *Generation Allah*, S. 19.
221 So beschreibt er es in seinem Buch *Generation Allah*, auf den Seiten 46–77. Im Folgenden wird auszugsweise daraus erzählt.
222 Mansour, *Generation Allah*, S. 49, 50.
223 Mansour, *Generation Allah*, S. 51, 52.
224 Mansour, *Generation Allah*, S. 52.
225 Mansour, *Generation Allah*, S. 51.
226 Mansour, *Generation Allah*, S. 51.
227 Mansour, *Generation Allah*, S. 49, 52.
228 Mansour, *Generation Allah*, S. 52.
229 Mansour, *Generation Allah*, S. 57.

230 Mansour, *Generation Allah*, S. 61.
231 Mansour, *Generation Allah*, S. 58.
232 Mansour, *Generation Allah*, S. 60.
233 Mansour, *Generation Allah*, S. 61.
234 Mansour, *Generation Allah*, S. 61.
235 Mansour, *Generation Allah*, S. 62.
236 Mansour, *Generation Allah*, S. 63.
237 Mansour, *Generation Allah*, S. 63.
238 Mansour, *Generation Allah*, S. 63–64.
239 Mansour, *Generation Allah*, S. 64–65.
240 Mansour, *Generation Allah*, S. 49.
241 Mansour, *Generation Allah*, S. 65.
242 Mansour, *Generation Allah*, S. 66.
243 Mansour, *Generation Allah*, S. 66–67.
244 Vergleiche Mansour, *Generation Allah*, S. 68.
245 Mansour, *Generation Allah*, S. 68.
246 Mansour, *Generation Allah*, S. 68.
247 Mansour, *Generation Allah*, S. 71–74.
248 Mansour, Generation Allah, S. 75–77. Siehe auch: http://ahmad-mansour.com/, https://www.mind-prevention.com/profil , letzter Zugriff: 28.03.2019.
249 Mansour, *Generation Allah*, S. 134.
250 Ebd.
251 Mansour, *Generation Allah*, S. 132 ff.
252 Mansour, *Generation Allah*, S. 132.
253 Mansour, *Generation Allah*, S. 132.
254 Mansour, *Generation Allah*, S. 133.
255 Mansour, *Generation Allah*, S. 133.
256 Mansour, *Generation Allah*, S. 133.
257 Mansour, *Generation Allah*, S. 133.
258 Mansour, *Generation Allah*, S. 134 f.
259 Mansour, *Generation Allah*, S. 135.
260 Mansour, *Generation Allah*, S. 136.

261 Mansour, *Generation Allah*, S. 136.

262 Mansour, *Generation Allah*, S. 136.

263 »Wer seinen Sohn liebt, züchtigt ihn beizeiten.« oder: »Sonst glaubt doch niemand mehr oder hält sich an die Regeln.«

264 Augustinus, *Bekenntnisse*.

265 Schmid, zit. n. Miller, *Erziehung*, S. 45.

266 »Der hilflose, panische Schrei eines Säuglings, wenn er beschnitten wird, ist eine abnormale Art von Schrei. Es ist ein atemloser, hoher Schrei, der unter normalen Umständen nie zu hören ist. Manchmal aber tun Babys, die beschnitten werden, genau das Gegenteil. Sie fallen in ein Halbkoma. Beide Zustände, hilfloses Schreien und Halbkoma, sind abnormale Zustände beim Neugeborenen.« R. Romberg, *Circumcision: The Painful Dilemma* (South Hadley, MA: Bergin & Garvey, 1985), zit. n. Goldman, Beschneidung, S. 46.

Siehe auch: http://pro-kinderrechte.de/faq/#3, letzter Zugriff 06.10.2018.

Zu Beginn der nun folgenden Betrachtungen sei dem Leser ein weiteres vertiefendes Buch empfohlen: Clemens Bergner: *Ent-hüllt! Die Beschneidung von Jungen – nur ein kleiner Schnitt? Betroffene packen aus über • Verlust • Schmerzen • Scham*, Hamburg: tredition, 2015.

267 Vgl. Kelek, *Die verlorenen Söhne*, S. 109 ff.

268 Dass es bei diesem Fest weniger um das ewige Wohl der Jungen geht, wird an den Vorbereitungsgesprächen der Erwachsenen deutlich sowie an folgender Reaktion der Mutter eines zu Beschneidenden: »Wenn es wehtut, will ich das nicht!«, hatte der ältere der beiden Jungs eines Tages gesagt. Die Mutter herrschte ihn an: »Bist du kein Muslim, oder was? Du kannst eine Tracht Prügel bekommen, dann weißt du, was wehtut!«; Kelek: *Die verlorenen Söhne*, S. 109 ff. und besonders S. 113.

269 Diesen Vertrauensbruch werfen manche Söhne später ihren Eltern vor. Vergleiche Goldman, *Beschneidung*, S. 152 ff.

270 Siehe die spannende Diskussion in: »Humanismus als letzte Chance des Islams?«, in: *Humanistischer Pressedienst (hpd)*, https://hpd.de/artikel/12306/seite/0/2, letzter Zugriff: 31.01.2019.

271 »Beschneidungshochzeit«, türk. *sünnet dügünü*, vgl. Kelek, *Die verlorenen Söhne*, S. 109 ff.

272 Kelek: *Die verlorenen Söhne*, S. 115, 120, vgl. »6.3 Vertrauensverlust«, Goldman, *Beschneidung*, S. 152 ff.

273 »Halbkoma«, R. Romberg, *Circumcision: The Painful Dilemma* (South Hadley, MA: Bergin & Garvey, 1985), zit. n. Goldman, *Beschneidung*, S. 46.

274 Siehe Goldman, *Beschneidung*, S. 46 und http://pro-kinderrechte.de/faq/#3, letzter Zugriff: 31.01.2019.

275 »Der hilflose, panische Schrei eines Säuglings, wenn er beschnitten wird, ist eine abnormale Art von Schrei. Es ist ein atemloser, hoher Schrei, der unter normalen Umständen nie zu hören ist.« R. Romberg, *Circumcision: The Painful Dilemma* (South Hadley, MA: Bergin & Garvey, 1985), zit. n. Goldman, *Beschneidung*, S. 46.

276 Etwas Ähnliches geschieht, wenn bei der Geburt traumatische Komplikationen auftreten. Siehe Goldman, Beschneidung, S. 110: »›Schmerzen‹ zu unterdrücken ist notwendig, weil wir sonst entweder bei der Geburt gestorben wären oder den überwältigenden ›Schmerz‹ ständig spüren würden.«

277 Er kann in einer »Tiefen-Psychotherapie« nicht nur erinnert oder rekonstruiert werden, sondern tatsächlich erneut durchlebt werden. Siehe Goldman, *Beschneidung*, S. 110, S. 114 ff. und besonders S. 128.

278 Khorchide im Gespräch mit Abdel-Samad in: »Humanismus als letzte Chance des Islams?«, in: *Humanistischer Pressedienst (hpd)*, https://hpd.de/artikel/12306/seite/0/2, letzter Zugriff: 02.02.2019.

279 Hierzu schreibt *Hannes*: »[…] im Gegensatz zu älteren Kindern [kann] Neugeborenen wegen des hohen Risikos keine Vollnarkose gegeben werden […] und eine Penisnervenblockade-Injektion [ist] zu schmerzhaft und unsicher […]. Deshalb wird wenn überhaupt bei Neugeborenen nur eine Schmerzsalbe (EMLA) gegeben, deren Anwendung bei Beschneidung wegen unzureichender Schmerzreduktion von der Europ. Arzneimittel-Agentur EMA als „ethisch inakzeptabel" bewertet wurde und die für Beschneidung nicht zugelassen ist.«; »Humanismus als letzte Chance des Islams?«, in: *Humanistischer Pressedienst (hpd)*, https://hpd.de/comment/8932#comment-8932, letzter Zugriff: 01.02.2019.

280 Mütter in den USA, die Zeuginnen der Verstümmelung ihrer Söhne waren, zeigten sich tief erschüttert und traumatisiert. Sie fühlten, dass sie ihr Kind ›verraten‹ hatten; auch deshalb, weil der Blick ihrer Babys ihnen diese Wahrheit unmissverständlich mitgeteilt hatte. Goldman, *Beschneidung*, S. 153, Abbildung 13 sowie »6.4 Mütter, die Beschneidung mit ansahen«, S. 155 ff.

281 Kelek, *Die verlorenen Söhne*, S. 122.

282 Vergleiche hierzu Prof. Mouhanad Khorchide im Gespräch mit Hamed Abdel-Samad in: »Humanismus als letzte Chance des Islams?«, in: *Humanistischer Pressedienst (hpd)*, https://hpd.de/artikel/12306/seite/0/2.

283 Tatsächlich sind die Schäden sowohl für den Einzelnen als auch für die Gesellschaft keineswegs unbedeutend.. Davon ist Ronald Goldman überzeugt. In seinem Buch stellt er hierzu eindringliche Fragen und regt dazu an, dieses wenig beachtete Gebiet menschlichen Fehlverhaltens im Hinblick auf seine langfristigen und weitreichenden Folgen vorurteilsfrei wissenschaftlich zu erforschen. Siehe Goldman *Beschneidung*, Kapitel 4, S. 102 ff., Kapitel 5, S. 124 ff., Kapitel 7, S. 161 ff., Anhang E, S. 242 ff.

284 Väter bestreiten dann gern die Schmerzen ihrer Söhne. Würden sie die Schmerzen einräumen, müssten sie zugeben, dass sie selbst damals Schmerzen erlitten haben. Siehe Goldman, *Beschneidung*, S. 155.

285 »Diejenigen Männer, die für ihre Söhne am stärksten auf Beschneidung bestehen, sind sich der Auswirkungen ihrer eigenen Beschneidung auf sich selbst körperlich, sexuell und emotional am wenigsten bewusst. [Diese] Eltern wissen nicht, was sie über die Beschneidung nicht wissen.« Goldman, *Beschneidung*, S. 207 f.

286 »Auf die Frage, warum er seine Beschneidungsgefühle noch nicht offenbart habe, sagte ein Mann: ›Ich würde als seltsam angesehen werden, oder die Leute würden es leichtfertig abtun.‹ Ein anderer sagte: ›Es ist nichts, worüber irgendjemand spricht. Wenn es angesprochen wird, dann in einer kichernden, komischen Art, die ich beunruhigend finde. Die Leute lachen darüber, als ob etwas Lustiges vor sich geht.‹« Goldman, *Beschneidung*, S. 128. Siehe auch Kapitel 5 »Langfristige psychologische Auswirkungen der Beschneidung: II. Emotionaler Einfluss im Erwachsenenalter«, S. 124–143.

287 Vergleiche Goldman, *Beschneidung*, S. 208.

288 Vergleiche Kelek, *Die verlorenen Söhne*, S. 122.

289 https://www.focus.de/politik/deutschland/urteil-zur-beschneidung-zentralrat-sieht-das-judentum-in-deutschland-gefaehrdet_aid_781855.html, letzter Zugriff: 01.02.2019.

290 Schmid, zit. n. Miller, *Erziehung*, S. 45.

291 Warum gibt es so wenig Forschung zum Thema Jungenbeschneidung und die Folgen? Diejenigen, die ein größeres Interesse daran haben sollten, sind ›befangen‹ – ein echtes Dilemma. Siehe Goldman, *Beschneidung*, S. 103 f.

292 »Humanismus als letzte Chance des Islams?«, in: *Humanistischer Pressedienst (hpd)*, https://hpd.de/artikel/12306/seite/0/2, letzter Zugriff: 01.02.2019.
293 https://www.focus.de/politik/deutschland/urteil-zur-beschneidung-zentralrat-sieht-das-judentum-in-deutschland-gefaehrdet_aid_781855.html, letzter Zugriff: 01.02.2019.
294 Das Verstümmelungstrauma kann in einer »Tiefen-Psychotherapie« nicht nur erinnert oder rekonstruiert, sondern tatsächlich erneut durchlebt werden. Siehe Goldman, *Beschneidung*, S. 110, S. 114 ff. und besonders S. 128.
295 Goldman, *Beschneidung*, S. 114–118.
296 Weitere Ausführungen hierzu siehe: Galeski: *Welt*, S. 78 ff.
297 AT, Sprüche 22,15.
298 Krüger, zit. n. Miller, *Erziehung*, S. 30.
299 Aus meiner Heimatgemeinde (Versammlung), siehe oben.
300 Diesen besonderen Dienst hatte man damals jungen Leuten ans Herz gelegt. Sie könnten damit ihre starke Ergebenheit und Gottestreue unter Beweis stellen. Die sogenannten Sondervolzeitdiener (Gläubige die gewissermaßen Angestellte der *Wachtturm-Gesellschaft* waren, missionierten oder in den Zentralen arbeiteten und wohnten) standen ganz im Dienst der heiligen Sache, und hatten dadurch bei ihren Glaubensgenossen ein hohes Ansehen. Manch Elternteil schmückte sich gern selbst mit dem Titel des Sprösslings.
301 Dort wörtlich: »[13] Enthalte doch dem, der noch ein Knabe ist, die Zucht nicht vor. Falls du ihn mit der Rute schlägst, wird er nicht sterben. [14] Du solltest ihn mit der Rute schlagen, damit du seine Seele vom Scheol befreist.« »Scheol« stammt aus dem Hebräischen und entspricht dem lateinischen »inferno«; www.jw.org, Bibel online.
302 Beides Gedächtniszitate. Auf der Website der *Wachtturm-Gesellschaft* findet man unter dem Stichwort »Rute der Zucht« die modernere, gemäßigte Bibelauslegung: »Was sagt die Bibel? Die „Rute der Zucht" — Ist sie veraltet?«, *Erwachet!*, 1992, https://wol.jw.org/de/wol/d/r10/lp-x/101992647#h=6 , letzter Zugriff: 29.03.2019.
303 NT, Markus 14,38b.
304 Hamed Abdel-Samads Versöhnung mit dem gewalttätigen Vater kam zu früh. Als seine Frau ihn auf seinen Selbstbetrug hinwies, brachen bei ihm alle Dämme und er schlug zu. Siehe das Unterkapitel »Die Biografie entscheidet«. sowie Abdel-Samad, Abschied, S. 280.

Anmerkungen

305 Siehe hierzu Susan Forward: *Vergiftete Kindheit – Elterliche Macht und ihre Folgen*, 16. Auflage, München: Goldmann, 1993.

306 Goldman, *Beschneidung*, S. 193.

307 https://www.focus.de/politik/deutschland/urteil-zur-beschneidung-zentralrat-sieht-das-judentum-in-deutschland-gefaehrdet_aid_781855.html, letzter Zugriff: 01.02.2019.

308 Es begann um 1870 in Pittsburgh (Pennsylvania, USA) mit einer kleinen Gruppe von »Bibelforschern« um Charles Taze Russell. 1881 wurde in Pittsburgh die Vereinigung *Zion's Watch Tower Tract Society* mit Russell als erstem Präsidenten gegründet. 1884 erfolgte die Eintragung als Körperschaft im Bundesstaat Pennsylvania.

309 Dabei wissen selbst erfahrene Hundetrainer, dass die Hauptursache des unerzogenen Hundes am oberen Ende der Leine zu finden ist …

310 3. Mose 19,32.

311 Angelehnt an Forward: *Vergiftete Kindheit*, dort »Gordons« Geschichte, der ganzheitlicher Arzt werden wollte, S. 11–13.